Juré, craché

ÉRIC
DUPOND-MORETTI
avec Marc-Olivier Fogiel

Juré, craché

Michel LAFON

14, boulevard de la Madeleine – CS 62204
75373 Paris Cedex 08
www.michel-lafon.com

À tous ceux qui me connaissent bien
et qui m'aiment quand même.

Prologue

Je suis un dur à fuir ! Plaider, défendre, combattre, oui. Toute ma carrière s'est construite autour de ces verbes d'action, de cette volonté farouche d'affronter plutôt que de reculer. Mes faiblesses, mes failles, je les traîne comme on traîne un remords. Et me voilà sur ma Harley, mon fidèle chien Jean-Claude, un teckel nain à poil dur, calé dans son harnais à l'arrière, filant sur les routes d'Italie. Je vis un rêve de gosse : la Harley, Johnny, la route 66… cette mythologie américaine transposée sur les routes italiennes. Le vrombissement du moteur accompagne mes pensées tumultueuses, le vent s'engouffre dans mon casque et pour la première fois depuis longtemps, je respire vraiment ; il ne s'agit pas d'une fuite, mais plutôt d'un retour aux sources, répondant à un besoin viscéral de me retrouver après quatre années et deux mois à porter une partie du poids de la République sur mes épaules.

Quatre années et deux mois à vivre sous les projecteurs, quatre années et deux mois à me battre pour des convictions souvent incomprises. J'ai été garde des Sceaux pendant plus de quatre ans alors que les Cassandre prédisaient quatre semaines. Plus de quatre ans à encaisser des coups sans broncher, à tenir bon face aux tempêtes médiatiques, aux polémiques politiques, aux attaques personnelles. J'ai laissé entre les murs de la place Vendôme beaucoup de moi, des doutes, des colères rentrées, des réflexions nocturnes, des victoires silencieuses, des compromis douloureux. C'est donc avec beaucoup d'émotion que j'ai quitté mes fonctions et les gens qui m'entouraient. C'est aussi avec beaucoup d'émotion que j'ai transmis les Sceaux de la République à mon successeur. En remettant ces symboles de justice à Didier Migaud le 23 septembre 2024, c'est une partie de moi-même que j'ai abandonnée place Vendôme.

Plus de quatre ans d'engagement pour la République, ce n'est pas rien dans une vie. Ce sont des années durant lesquelles l'on apprend énormément de choses sur son pays, sur la politique, sur la nature humaine – en trente-six ans d'avocature, je pensais avoir tout vu –, et surtout sur soi.

Le vent caresse mon visage tandis que je laisse Nice derrière moi. Dans mon rétroviseur, la France s'efface progressivement, cette France que j'ai tenté de servir avec passion et intégrité. Les virages de la Ligurie se déroulent sous mes roues comme un ruban de bitume chauffé par le soleil d'octobre, je joue avec les courbes, penche la machine dans les lacets serrés qui surplombent la Méditerranée, savourant chaque seconde de cette liberté retrouvée. Puis la Lombardie s'ouvre devant moi. Ces paysages se déploient tels les chapitres d'une histoire que je connais par cœur sans l'avoir jamais vécue pleinement. L'histoire de mes origines, de cette terre italienne qui a forgé les miens avant qu'ils ne s'exilent en France ; je ressens dans ma chair cette connexion avec ces vallées, ces collines, ces villages nichés à flanc de montagne. Les kilomètres s'enchaînent et je savoure cette sensation de liberté qui m'a tant manqué pendant ces années où chaque parole, chaque geste était scruté, analysé et très souvent dénaturé.

Ma fierté n'a jamais été politique, je ne suis pas venu place Vendôme pour faire carrière. J'avais une vie avant et j'aurais une vie après. Je n'ai jamais cherché à être un marqueur de gauche ou de droite. Pour moi, tout cela à vrai dire n'a pas beaucoup de sens. Mon objectif a été d'améliorer la justice de mon pays autant que faire se peut. Je crois que je n'ai pas à rougir de mon bilan. Je suis fier d'avoir donné aux 90 000 personnes qui travaillent au service de la justice des moyens inédits pour accomplir leur mission. Le budget du ministère était de 7,6 milliards d'euros en 2020, il a passé la barre des 10 milliards en 2021 et devrait atteindre 11 milliards en 2027. Des moyens pour lesquels je me suis battu.

J'arrive enfin en Émilie-Romagne, première halte, le temps est magnifique. Je reprends mon souffle puis cap sur les Marches, berceau de ma famille maternelle. Les Marches… je reconnais chaque lieu comme si je l'avais arpenté la veille alors que je n'y ai pas mis les pieds depuis l'enfance. Après la mort de mon père, alors que je n'avais que quatre ans, ma mère m'y avait emmené pour un séjour de plusieurs mois. J'étais petit garçon, le cœur déchiré, et ces paysages s'étaient gravés dans ma mémoire avec l'étonnante précision des souvenirs d'enfance. Le parc où ma mère me promenait n'a pas changé, les mêmes bancs, les mêmes arbres, peut-être un peu plus grands, un peu plus sages que moi. Le même bassin peuplé de poissons rouges. Je me suis un instant demandé si ce n'étaient pas les mêmes qu'alors.

Je m'arrête dans une gargote au charme désuet, le genre d'endroit où le motif à carreaux des nappes est le même depuis les années 1980, la patronne, une petite brune aux faux airs de Gina Lollobrigida me sert des pâtes *al dente* comme seules les Italiennes savent les faire. Un verre de vin rouge de la région, rugueux à souhait, mais honnête. C'est simple, authentique, parfait. *Con il caffè* arrive l'addition : modeste. Je trouve ça formidable ! Cela me change des repas de travail dans les palais de la République. Je goûte cette solitude retrouvée libérée des services de sécurité omniprésents qui n'auraient pas manqué d'inspecter trois fois les lieux avant de m'autoriser à m'y installer : tout ça me semble déjà si loin. Ici personne ne me connaît, personne ne m'emmerde. Je peux manger tranquillement, observer les gens autour de moi, capter des bribes de conversations en italien, me fondre dans cette normalité qui m'était devenue étrangère. Enfin, presque. Dans une station-service où je m'arrête pour faire le plein, je croise un couple de Vendéens en vacances, ils me reconnaissent immédiatement, s'approchent et me complimentent : « Ce que vous avez fait, c'est super », me disent-ils avec une sincérité désarmante. Je leur réponds avec une pointe d'ironie : « Il faut que je ne sois plus ministre pour rencontrer des Français qui me disent du bien de mon action ministérielle. » Ça me fait marrer, c'est aussi ça, la beauté de cette parenthèse italienne, ces moments volés, ces rencontres imprévues, loin des postures et des convenances ministérielles. Le soir, je m'allonge sur un lit d'hôtel trop petit, pas de téléphone qui sonne en pleine nuit annonçant une crise à gérer, juste le silence et mes pensées qui vagabondent. Je repense à ce somptueux bureau place Vendôme que je n'ai pas revu depuis mon départ, j'y ai laissé tellement de souvenirs, bons, intenses, douloureux, passionnés, déchirants. C'est comme une blessure qui a du mal à cicatriser. Au moment d'écrire ces lignes, je ne suis toujours pas parvenu à traverser cette sublime place, à mes yeux désormais la plus belle de Paris.

Je passe trois jours dans les Marches à explorer la côte, les montagnes où ma famille passait du temps, puis je reprends la route vers l'intérieur, je découvre Sienne et Pise, je prends des photos de la célèbre tour penchée, je prends des photos en inclinant mon appareil pour que la tour paraisse droite, j'écris à ceux à qui j'envoie ces clichés que je suis un redresseur de tours.

J'ai passé plus de quatre années à tenter de réformer la justice, à me battre contre ceux qui la critiquent sans la connaître, contre ceux qui la connaissent mais refusent qu'elles changent. J'ai lutté ardemment et souvent en vain contre le populisme, le sensationnalisme judiciaire, j'ai refusé de donner à l'opinion ce qu'elle voulait entendre, j'ai payé le prix fort pour cette franchise : dénonciation calomnieuse, procès en incompétence, attaques personnelles, parfois même injures… Pourtant, je ne regrette rien. Je ne sais pas ce que l'avenir me réserve. La scène théâtrale ? Un cabinet de conseil ? M'occuper des miens, assurément ? Retourner à la barre, qui sait ? Une chose est certaine, ce voyage n'est pas qu'une parenthèse, c'est un retour à l'essentiel. La vraie vie, elle est peut-être là, sur la route avec Jean-Claude, le vent dans le visage et les racines sous les pieds, un voyage vers moi-même à cent à l'heure, les mains cramponnées au guidon, le cœur entièrement relâché. J'ai passé ma vie à essayer de rétablir des équilibres, à défendre, à convaincre, à remettre droit ce qui penchait, à redresser des torts.

Ce que je veux transmettre dans ce livre, c'est un mélange de force et de fragilité, une envie de rupture sans effondrement. Je veux porter un plaidoyer pour la nuance à l'heure des radicalités, en racontant comment un avocat contestataire, réputé pour son franc-parler et son indépendance, s'est retrouvé à incarner l'institution qu'il avait si souvent critiquée. Je veux partager cette transformation intérieure, ces moments où le ministre, garant de l'intérêt public, a dû composer avec l'ancien avocat défenseur d'intérêts privés. Je veux parler de ces instants de doutes intenses, de ces nuits blanches à peser le bien-fondé de chaque décision, de ces matins où l'on se réveille avec le poids des responsabilités, de ces moments où, seul face au miroir, on se demande si l'on est à la hauteur de la fonction, si l'on ne s'est pas perdu en route.

Je veux aussi partager ces victoires silencieuses, ces réformes souvent passées inaperçues du grand public, mais qui changeront durablement le visage de notre justice. Le moment n'est peut-être pas venu pour moi de présenter mon bilan complet, l'histoire jugera, comme toujours, mais ce dont je suis certain, c'est que j'ai donné tout ce que j'avais pour améliorer la justice de mon pays, sans calcul politique, sans ambition autre que celle de servir la France, en gardant intacte la flamme qui m'animait lorsque je portais la robe d'avocat. Maintenant il est temps de reprendre mon souffle, de me retrouver, de redevenir simplement moi-même. Jean-Claude est à mes pieds alors que j'écris ces premières lignes dans ma chambre d'hôtel, demain nous reprendrons la route vers la France, mais ce voyage aura marqué pour moi le début d'une nouvelle vie, d'un nouveau chapitre, et tout commence par cette promesse que je me fais à moi-même, dans le silence de la nuit italienne, aussi solennelle que celles prononcées jadis dans les prétoires : juré craché, cette fois, c'est à ma vérité que je rends justice.

I.

DES PRÉTOIRES
AUX VERNIS DE VENDÔME

– 1 –

À bientôt

Dans quelles circonstances apprenez-vous que vous allez devenir ministre ?

Fin juin 2020. Je plaide à Nanterre une affaire de meurtre, une audience qui doit durer trois semaines. Nous en sommes à peine à la première semaine lorsque je suis contacté par le président de la République. On m'invite à l'Élysée. Je m'y rends, sans vraiment savoir ce qui m'attend. Ce n'est pas la première fois que je croise Emmanuel Macron. J'ai déjà eu l'occasion de le saluer très brièvement auparavant. De même, j'avais rencontré Édouard Philippe, alors Premier ministre, qui m'avait adressé un compliment que je n'ai jamais oublié : « J'aime beaucoup la façon dont vous portez votre parole. » Je lui avais répondu du tac au tac : « Et moi, j'aime beaucoup la façon dont vous gouvernez la France. »

Il avait souri, puis répliqué non sans humour : « Oui, mais moi c'est vrai ! »

Voilà pour mes premiers pas dans l'antre du pouvoir, des échanges fugaces qui ne laissaient en rien présager ce qui allait suivre. Lorsque je me retrouve face au président de la République en ce début d'été 2020, nous évoquons un certain nombre de sujets. Nous sommes en pleine crise de la Covid-19. Mais nous parlons surtout de justice, évidemment. Je lui fournis une analyse que je qualifierais d'assez sommaire de l'état de notre système judiciaire. Puis je repars plaider aux assises, vaquer à mes occupations professionnelles habituelles, sans imaginer une seconde la suite des événements.

Quelques jours plus tard, le 3 juillet 2020, je reçois une nouvelle invitation à l'Élysée. Et là, sans préambule, le Président me pose cette question qui va tout bouleverser dans ma vie : « Que feriez-vous si je vous nommais garde des Sceaux ? »

Comment réagissez-vous à cette question qui tout de même était une proposition déguisée ?

Je n'avais jamais envisagé ce scénario un peu fou. Ma place était jusque-là dans les prétoires, loin de la sphère politique. Tellement loin, d'ailleurs, que lorsqu'on m'avait proposé pour la Légion d'honneur, je l'avais refusée sans hésiter.

Lors du procès Viguier à Albi, l'avocat Francis Szpiner était partie civile, une partie civile féroce. Ce qui m'a conduit à lui dire : « À défaut d'avoir été garde des Sceaux, vous aurez au moins été avocat général ». Immédiatement il m'a répondu : « Si j'étais garde des Sceaux, je vous décorerais de la Légion d'honneur ». Je lui ai quant à moi répondu : « C'est comme les bombes, ça tombe toujours sur ceux qui le méritent le moins… » Nous avions ri tous les deux.

Eh bien ! j'ai changé d'avis. Sept jours après ma nomination, j'étais amené à décorer des agents de l'administration pénitentiaire et j'ai été très touché de l'émotion qui était la leur et celle de leurs familles.

Moi, ministre de la Justice ? Je le répète : l'idée ne m'a jamais effleuré, juré craché !

Quand le Président me pose cette question, je suis tellement impressionné et surpris que je bredouille deux ou trois idées qui me trottent dans la tête depuis des décennies – des convictions profondes sur la justice que j'ai forgées au fil de ma carrière d'avocat. Nous évoquons le fonctionnement de l'institution, je partage quelques réflexions supplémentaires, mais je suis loin d'être au sommet de mon éloquence. À la fin de notre conversation, un peu crânement, j'ose lui demander : « Alors ? » Il sourit et me répond : « Je vous rappelle que dans la Constitution de la Vᵉ République, il est prévu que le Premier ministre ait aussi son mot à dire. » Je lui lance un regard contrit, réalisant mon impair. Moi qui connais par cœur les arcanes de la procédure pénale, j'ai négligé les fondamentaux de notre Constitution.

Le lendemain, samedi, je suis convié à rencontrer le Premier ministre Jean Castex, tout juste nommé. L'entretien se déroule à l'hôtel de Matignon. Pour éviter d'alimenter les rumeurs – les journalistes campent déjà devant le bâtiment –, on me fait entrer par l'arrière. Si j'avais été vu franchissant la grande porte de Matignon, les médias auraient immédiatement spéculé sur ma possible nomination au Gouvernement. Il faut que rien ne fuite. J'ai une conversation assez longue et technique avec Jean Castex, en présence de son directeur de cabinet, Nicolas Revel. Le Premier ministre, chaleureux, me dit simplement en me raccompagnant : « À bientôt. » Ces deux mots me laissent penser que les choses avancent dans le bon sens. Mais sait-on jamais ?

Là, vous commencez à y croire ?

Oui, d'autant que le dimanche, je suis convié à l'Élysée, cette fois pour rencontrer Alexis Kohler, le secrétaire général de la présidence de la République. Il me cuisine pendant de longues minutes, me questionnant sur mes positions sur divers sujets relatifs à la justice. Le Président, en bras de chemise, sans cravate, passe brièvement, et je ne peux m'empêcher de lui lancer, avec une audace qui me surprend encore : « Bon, alors, maintenant, on y va ? C'est un truc de sadique, votre histoire, quand est-ce que je suis fixé ? » Il se contente d'un clin d'œil complice avant de disparaître.

Le dimanche soir, prenant mon courage à deux mains, j'appelle le secrétaire général pour lui dire : « Tout ça, c'est bien gentil, mais, moi, lundi, je dois plaider à Marseille. Je suis à la fois engagé sur une affaire à Nanterre et sur une autre à Marseille. Est-ce que je prends mon billet de train ? » Sa réponse est limpide : « Je pense qu'il serait plus prudent que vous restiez à Paris. » Je comprends que nous sommes passés à l'étape supérieure. Il ne reste plus qu'à attendre la nomination officielle du Gouvernement, prévue pour le lendemain vers 17 h 30-18 h.

Et vous n'avez plus de contact avec Emmanuel Macron ?

Si, le jour de l'annonce, dans le courant de l'après-midi, le Président m'appelle directement pour me dire : « Demain, Monsieur Dupond-Moretti, je vous appellerai Monsieur le garde des Sceaux. » Là, j'ai la certitude absolue de ma nomination. *Alea jacta est*, les dés en sont jetés.

Et puis, comme des millions de Français, je regarde Alexis Kohler égrainer à la télévision la liste des membres du nouveau Gouvernement.

Que ressentez-vous quand vous entendez votre nom, avez-vous besoin de le partager avec vos proches ?

Je ressens un vertige indescriptible, malgré le fait que ce n'est plus une surprise. Avant l'annonce officielle, j'appelle ma mère. Je ne l'ai pas préparée à cette nouvelle, je ne l'ai pas tenue informée des événements de ces derniers jours. Elle est abasourdie, littéralement tétanisée. Et pour se raccrocher à quelque chose qu'elle connaît, à sa réalité quotidienne qui la rassure, elle me demande : « Mais gamin, qui est-ce qui va laver ton linge ? » Cette question, si éloignée des considérations politiques, m'arrête net. Elle résume parfaitement le décalage entre les enjeux nationaux qui m'attendent et la simplicité de notre vie d'avant.

J'appelle ensuite mes proches, bien sûr, et en particulier ma compagne, la chanteuse québécoise Isabelle Boulay. Elle, contrairement à ma mère, est dans la confidence depuis le début. Je suis d'ailleurs nommé ministre le jour même de son anniversaire – un cadeau pour le moins inhabituel ! Doit-on y voir un signe ? Nous avons l'habitude de la médiatisation, mais savons tous les deux, intuitivement, que cette nomination va bouleverser notre vie et aura des conséquences sans précédent sur notre intimité.

En tant qu'avocat, j'ai la liberté d'aller à Montréal, où vit Isabelle, quand bon nous semble.

Et comme c'est un vol de 7 h 30 à 8 heures, il m'arrive de partir en début de week-end et de rentrer le lundi dans la journée. Mon agenda d'avocat peut s'accommoder de ces escapades – on peut toujours s'arranger. Mais en devenant ministre, je sais que cette liberté est révolue. Même pour les vacances, il devient impossible de m'éloigner à plus de deux heures d'avion de Paris. Isabelle va devoir venir plus souvent en France, mais elle a aussi ses contraintes, elle est maman d'un jeune garçon scolarisé au Québec et elle a ses engagements artistiques à honorer.

Comment réagit Isabelle, justement ?

Je sens bien qu'elle n'est pas dans un enthousiasme débordant à l'idée que notre vie soit ainsi chamboulée. Mais elle sait que j'ai toujours respecté sa carrière artistique, et, en retour, elle respecte mon choix, ce dont je lui serai éternellement reconnaissant.

Et au-delà de la vie de couple, la vie d'avocat plus que réputé avec un business plus qu'établi, qu'est-ce qui fait qu'il y a une évidence à accepter de devenir ministre ? On a l'impression qu'il n'y a même pas de questionnement…

Je pense sincèrement que ça ne se refuse pas. On ne dit pas non à une telle responsabilité, à un tel honneur. Et puis, je n'ai pas hésité au cours de ma carrière à m'opposer à l'institution judiciaire, à dénoncer certains comportements de magistrats – tout en reconnaissant leurs qualités, il faut être juste. Et je me dis qu'au fond, si on me donne les clés du camion, c'est en connaissance de cause, et que si je refusai, je serai un lâche.

Avec trente-six ans d'exercice professionnel au compteur, je pense bien connaître la justice, ses qualités comme ses défauts, ses mauvaises habitudes et ses bonnes pratiques. Lors de la passation de pouvoir, je souligne d'ailleurs que je ne connais pas la justice de façon technocratique, mais que je l'ai vécue de façon charnelle, viscérale, engagée.

J'ai ce sentiment, et je l'ai toujours d'ailleurs, que ce regard différent peut, aussi, contribuer à changer les choses. Et d'ailleurs, un grand nombre de réformes seront effectivement mises en place durant mon ministère.

Vous n'avez pas mis dans la balance votre métier d'avocat ?

Mon métier d'avocat, je le pratique depuis trente-six ans. Je ne dirais pas que j'en suis saturé – il me passionne toujours –, mais je me dis que c'est une chance incroyable, à presque 60 ans (j'ai 59 ans en 2020), de pouvoir commencer une nouvelle vie. De passer de l'autre côté du miroir, d'être celui qui façonne la loi après avoir été celui qui la plaide et parfois la conteste.

Jusque-là, vous étiez classé dans la catégorie « homme de gauche ». Emmanuel Macron, en 2020 déjà, son passé de gauche était bien derrière lui… Politiquement, cela signifie que vous rejoignez un camp. Cela ne vous pose aucun problème de prendre le risque que l'on vous colle une étiquette ?

La proposition d'Emmanuel Macron correspond à une vision politique que je partage. Quant à être de gauche ou de droite… J'ai toujours pensé qu'une bonne idée de droite vaut mieux qu'une mauvaise idée de gauche, et réciproquement. Quand Emmanuel Macron appelle au dépassement des clivages, ça m'enthousiasme, et ça m'enthousiasme encore.

J'imagine qu'à ce moment-là, vous recevez des messages de la terre entière, de nouveaux « amis » se manifestent ?

Oui, le soir de ma nomination, mon téléphone vibre sans interruption. Je reçois un millier de textos, dont deux m'ont particulièrement marqué. Le premier vient d'un magistrat que je n'apprécie guère, que je considère comme particulièrement servile. Il m'écrit : « Ce soir, deux bonnes nouvelles. La première, votre nomination. La deuxième, je me tiens à votre entière disposition. » Évidemment, je ne le rappelle jamais. Le second message vient de l'humoriste Laurent Baffie : « Toutes mes félicitations. Avant que tu sois débordé, je voudrais que tu t'occupes du permis de ma tante Paulette qui vient de perdre trois points. Amicalement, je t'embrasse. » Ce message m'arrache un sourire au milieu de cette journée de folie.

Il faut ensuite vite écrire votre discours pour la passation. Vous le rédigez avec qui ?

La nuit n'est pas de trop pour le rédiger avec le regard précieux d'Hélène Davo, conseillère pour la justice du président de la République. Nous travaillons sur ce texte, mais j'y mets ce que je veux y mettre – elle ne m'impose rien.

« Madame la ministre, chère Nicole, vous venez de me remettre les Sceaux, en quelque sorte les clés de ce grand ministère régalien. Ce n'est pas le ministère de la Guerre, même si j'ai cru entendre ces mots, mais celui des Libertés. Dans quelques instants, je mettrais entre

parenthèses mon métier d'avocat que j'ai passionnément aimé – et que, bien sûr, je continuerai à aimer. Pendant près de trente-six ans, j'ai sillonné la France dont je connais tous les tribunaux. Ah, je le confesse, je n'ai pas de la justice une connaissance technocratique. Je la connais humainement, je la connais intimement, je la connais, Nicole, charnellement. Dans ce long parcours, j'ai vu le meilleur et le pire : le chagrin de victimes dévastées, le désespoir d'hommes injustement condamnés. J'ai rencontré de très grands magistrats devant qui j'ai eu l'honneur de plaider. Je les respecte, j'entretiens avec eux des rapports d'amitié. Ils sont humains, indépendants, gourmands du contradictoire. De ces femmes et de ces hommes qui, en quelques mots, vous réconcilient avec l'idée même de justice, "une chaleur de l'âme", disait Albert Camus. J'ai également touché du doigt les conditions de travail déplorables dans lesquelles se débattent quotidiennement magistrats et greffiers. Je ne suis pas un homme politique. Je viens de la société civile, je devrais même dire de la société pénale. J'aurais pu tranquillement attendre l'heure de la retraite, même s'il nous faut travailler un peu plus. Mais j'ai décidé de m'engager auprès d'un homme courageux, le président de la République, qui veut améliorer la justice de notre pays. Casamayor, que tous les magistrats connaissent ici, a écrit que la justice était une erreur millénaire qui voulait que l'on ait attribué à une administration le nom d'une vertu. La justice a donc évidemment toutes les qualités d'une administration.

Elle en a, hélas ! parfois quelques défauts. Oui, Madame la ministre, oui, mesdames et messieurs, la justice peut être améliorée. D'ailleurs, la France, dans le classement des pays les plus condamnés par la Cour européenne des droits de l'homme, occupe la douzième place sur 47 pays, la plupart de nos condamnations intervenant à raison de procès inéquitables. Je ne fais de guerre à personne. Je veux avec vous garder le meilleur et changer le pire. J'entends, bien sûr, dans le dialogue et la concertation, faire évoluer la magistrature dans le sens d'une plus grande ouverture sur la société et remettre à plat l'ordonnance de 1958. Je veux avancer sur un projet qui me tient à cœur : l'indépendance de la justice. Je souhaite être le garde des Sceaux qui portera enfin, lors d'un congrès, la réforme du parquet tant attendue. Je veillerai à ce que les enquêtes préliminaires restent préliminaires et ne soient pas éternelles, comme c'est, hélas ! parfois le cas. Je vais demander à la Direction des affaires criminelles et des grâces de me faire des propositions en ce sens. Il convient de trouver un juste équilibre entre l'efficacité de l'enquête et le principe du contradictoire sans lequel la justice n'est rien. Je souhaite également que nous travaillions ensemble sur la présomption d'innocence et le secret de l'enquête. Bien sûr, des journalistes seront associés à ces réflexions. La justice ne se rend pas dans la rue, ni sur les réseaux sociaux, ni dans les médias. Et l'honneur des hommes, pas plus aujourd'hui qu'hier, ne mérite d'être jeté aux chiens. J'entends également, et c'est une volonté forte du président de la République, mettre en place une justice plus proche du citoyen, meilleur accueil des victimes. Je compte réunir l'ensemble des procureurs généraux rapidement pour échanger sur ces questions. Est-il admissible aujourd'hui qu'une victime ne soit pas systématiquement entendue ? Je compte porter avec détermination ce que vous avez commencé : la PMA, le Parquet européen, la réforme de l'ordonnance de 1945, pour moi, absolument essentiels Je veux restaurer le secret professionnel des avocats. Bien sûr, je n'oublie pas la condition pénitentiaire. Je pense aux prisonniers, à leurs conditions de vie inhumaines et dégradantes. Je pense bien sûr aux personnels de l'administration pénitentiaire que j'assure de mon indéfectible soutien et à qui je réserverai dès cet après-midi ma première visite de ministre. Je veux adresser un message bienveillant à toute la famille judiciaire : magistrats, greffiers, membres des professions réglementées dont je recevrai tous les représentants. Je serai le garde des Sceaux du dialogue et j'accepterai la contradiction dont j'ai toujours été le fervent défenseur. Madame la ministre, chère Nicole, je vous souhaite le meilleur pour votre vie à venir. Vous serez, et je vous l'ai déjà dit, bien sûr, toujours la bienvenue – et les portes de ce ministère vous seront toujours ouvertes. Ce moment, Madame la ministre, mesdames et messieurs, est pour moi, vertigineux. J'appréhende cette tâche avec humilité. Mais maintenant, pour moi, la parole est aux actes.

Avant de me taire, un dernier mot. Je pense bien sûr aux miens, à ceux que j'aime et qui me sont proches. Je pense en particulier à ma mère qui a quitté son pays d'origine pour fuir la misère et pour arriver ici dans ce grand pays. Elle est devenue une Française de préférence, et La Marseillaise *l'a fait pleurer. Je serai un garde des Sceaux de sang mêlé. Mon ministère sera aussi celui de l'antiracisme et des droits de l'homme. Merci à vous. »*

Place Vendôme, c'est forcément un lieu que vous connaissiez déjà, en tant qu'avocat ?

Avant de devenir ministre, je m'étais déjà rendu deux fois place Vendôme. Une première fois pour dîner avec Marylise Lebranchu, alors ministre de la Justice, qui avait souhaité mon avis sur la justice – une soirée très agréable. Au cours d'une discussion à bâtons rompus, elle m'avait demandé quelle réforme je souhaitais pour la justice, je lui avais répondu qu'il existe deux sortes de magistrats : ceux qui deviennent magistrats parce qu'ils ont un sens du service public et de l'humanité, qualités indispensables, et ceux qui intègrent la magistrature pour le pouvoir qu'elle confère. Et je lui avais dit que pour distinguer le bon grain de l'ivraie, il fallait instaurer une expertise psychologique et psychiatrique à l'entrée de l'École de la magistrature, et deux à la sortie. Bien plus tard, après l'affaire d'Outreau,

Rachida Dati, alors ministre de la Justice, a mis en place une telle mesure.

Ma seconde visite place Vendôme, c'était d'ailleurs avec les innocents d'Outreau, nous avions été reçus par Dominique Perben. À l'époque, tout le monde considérait que les acquittés d'Outreau étaient innocents. Et puis, certains magistrats qui ne connaissaient pas le dossier ont commencé à propager l'idée selon laquelle il y aurait des coupables parmi les innocents. Pour l'anecdote, les fauteuils où se sont assis ce jour-là les victimes d'Outreau, moi-même et les autres avocats présents sont ceux que je fais installer dans mon bureau ministériel. Une façon symbolique de ne jamais oublier pourquoi je suis là, et ce que la justice peut parfois faire subir aux innocents.

Certains questionnent très vite vos relations avec Emmanuel Macron, supposant qu'une familiarité existait bien avant votre nomination.

C'est absolument faux. Il n'y a pas de relation nourrie avec la « Macronie » avant l'appel du Président. Certes, Brigitte Macron est venue me voir en février 2019 au théâtre de la Madeleine où je jouais ma pièce *Éric Dupond-Moretti à la barre*, dans laquelle je racontais le métier d'avocat. Nicole Belloubet était également venue, un autre soir.

À l'issue de la représentation, nous avons pris une photo avec toute l'équipe du spectacle. Jean-Luc Mélenchon a plus tard utilisé cette photo de façon ignominieuse. Après que j'ai accepté de défendre des policiers ayant porté plainte contre lui à la suite de l'épisode de la perquisition à son domicile (où il avait crié : « La République, c'est moi ! »), il a découpé la photo du théâtre pour ne garder que Brigitte Macron et moi, suggérant que c'était elle, et donc Emmanuel Macron par extension, qui m'avait envoyé pour me constituer partie civile contre lui. Un procédé que je qualifierais de « stalinien », complètement mensonger. D'autant que Mélenchon prétendait ne pas me connaître, alors qu'il était venu me voir lors d'une dédicace à Marseille, m'adressant même des compliments devant les caméras de France 3 !

La vérité est beaucoup plus simple : il n'y a pas de lien préexistant avec le président de la République. J'ai la faiblesse de penser que ma nomination est simplement le fruit de la reconnaissance de mes compétences juridiques et de ma connaissance approfondie du système judiciaire français.

– 2 –

Le jour où j'ai troqué ma robe pour un costard

Pour le discours de passation et endosser la fonction de ministre, vous devez ajuster votre garde-robe, vous qui n'êtes pas très « costard-cravate » ?

Oui, je vais devoir acheter des cravates. J'ai bien un costume sombre que je porte pour la passation – le seul costume noir que je possède –, mais je dois rapidement en acquérir d'autres pour endosser pleinement l'habit de ministre.

Je suis de ceux qui pensent que c'est une erreur d'avoir laissé des députés venir à l'Assemblée sans cravate. J'ai déjà porté cet appendice emblématique lorsque je me suis rendu devant la Commission des lois de l'Assemblée nationale comme avocat après l'affaire d'Outreau, considérant qu'il fallait faire cet effort vestimentaire par respect pour l'institution.

Quand on a l'honneur de devenir ministre, de servir son pays, il faut, me semble-t-il, mettre un costume et une cravate. C'est une forme de respect envers la fonction, envers la République et envers les citoyens qu'on représente. Pourquoi exigerait-on une tenue correcte en boîte de nuit et serait-on dispensé de faire un effort minimum dans l'hémicycle ?

C'est Gérald Darmanin qui m'a appris à faire les nœuds de cravate, un orfèvre en la matière, pourtant il a un temps abandonné la cravate (en expliquant qu'il se voulait près du peuple) avant de la remettre… Nous avons une petite divergence sur ce point : je pense sincèrement que les gens du peuple apprécient qu'on fasse cet effort vestimentaire. D'ailleurs, ces mêmes gens, quand ils vont voir leur médecin ou leur avocat, mettent souvent leur « habit du dimanche »…

Être ministre c'est donc porter un habit du dimanche tous les jours ?

Cette symbolique du costume n'est pas anodine quand on vient d'où je viens. Je me souviens parfaitement de ma première veste chic, achetée lorsque j'étais jeune avocat. Je m'étais rendu chez Ted Lapidus à Paris. Je ne connaissais pas la capitale à l'époque. J'étais un peu comme le Rastignac de Balzac, un provincial découvrant la grande ville, débordant d'ambition. J'avais craqué pour une veste verte en tweed, vraiment jolie. Je l'avais payée un bon prix – un prix qui me semblait pourtant astronomique à l'époque, car je n'avais jamais dépensé autant pour un vêtement. Je devais avoir l'air tellement plouc, tellement novice que le vendeur s'était inquiété pour son paiement. À peine rentré chez moi à Lille, mon banquier m'avait appelé pour me dire qu'un vendeur de Ted Lapidus avait téléphoné pour savoir si mon compte était suffisamment provisionné !

Revenons à la cérémonie de passation qui a dû être pleine d'émotions…

Le 7 juillet 2020, je me rends donc place Vendôme pour la cérémonie de passation. Je franchis le seuil de la Chancellerie, le cœur battant. Nicole Belloubet me reçoit dans son bureau, celui qui va devenir le mien. Nous échangeons quelques mots, rien de particulier. Elle est très classe tout au long de cette transition. La passation de pouvoir se déroule dans la cour d'honneur du ministère. Nicole prononce son discours d'adieu, émue jusqu'aux larmes. Je prends ensuite la parole pour mon premier discours officiel en tant que ministre.

Et là, c'est le début des polémiques, vous êtes d'emblée au cœur du cyclone…

Oui, à la fin de nos allocutions, dans un geste spontané d'affection, je prends Nicole dans mes bras et je l'embrasse. Nous sommes en période Covid, avec les gestes barrières à respecter strictement. Les critiques fusent : « Il l'a embrassée, ce n'est pas bien, la Covid… »

Vous prenez immédiatement conscience de cette réalité : quand on est ministre, dès qu'on peut vous flinguer, on vous flingue ?

C'est comme ça. Beaucoup de journalistes confondent la bienveillance et la complaisance. Ils craignent tellement de passer pour complaisants qu'ils en deviennent malveillants. C'est parfois très compliqué de pouvoir simplement expliquer les choses. Quand vous arrivez sur un plateau télé le matin et qu'on vous demande : « Hier, une femme a été tuée par son mari, quelle est votre réaction, Monsieur le garde des Sceaux ? », que pouvez-vous répondre ? Rien, évidemment, puisque la victime n'est plus là. Mais vous êtes obligé de dire quelque chose.

D'abord exprimer que c'est une horreur, une abomination, puis détailler ce que nous faisons pour éviter les féminicides. Ce que vous ne pouvez pas dire, c'est que dans un pays de 66 millions d'habitants, il y aura malheureusement toujours des féminicides. Vous ne pouvez pas rappeler que le crime est consubstantiel à notre humanité. Si vous dites cela, aussi vrai que ce soit, vous serez immédiatement taxé de laxisme, accusé d'être fataliste, de ne pas vouloir agir. Votre parole est donc cadenassée.

On reproche souvent aux politiques de faire de la langue de bois, mais c'est une nécessité imposée par le système médiatique. Imaginez que je dise en matinale : « Écoutez, il y a 66 millions d'habitants dans ce pays, il y a une centaine de féminicides... » Si je faisais ça, je serais obligé de démissionner dans la minute qui suit.

Ensuite, vous vous retrouvez seul dans votre nouveau bureau, place Vendôme. Que ressent l'homme que vous êtes face au poids de l'Histoire ?

Saisi par l'immensité du lieu, je contemple les dorures, la collection de vieux livres juridiques aux reliures précieuses, le majestueux bureau de Cambacérès qui a vu passer tant de ministres avant moi. Je me demande : « Moi ici, comment vais-je faire ? » Je suis seul, submergé par la beauté des lieux et par la responsabilité qui m'incombe désormais. Tout cela me dépasse, dépasse ma personne, mon parcours, mes origines. Et puis, il n'y a personne pour me rassurer, pour me dire que je suis à ma place. Ce sentiment de solitude, presque d'imposture, dure un certain temps. Ce 7 juillet 2020, la porte-fenêtre est ouverte sur le magnifique jardin de la place Vendôme. Autour de moi, je sens les ombres tutélaires, les grands personnages qui ont occupé ce bureau avant moi. Je me demande : « Pourquoi moi ? Vais-je y arriver ? Comment vais-je mettre en œuvre ce que j'ai dit au président de la République et au Premier ministre ? Je ne sais pas ce qu'est une direction[1], je ne sais pas comment on constitue un cabinet… » Tout est à construire, et c'est vertigineux ! Je suis saisi par la panique, mais je n'ai pas le temps de réfléchir.

Et vivre place Vendôme, par rapport au jeune avocat du Nord qui monte à Paris tel Rastignac… Vous vous pinciez pour y croire ?

Ce soir-là, après la passation, je me retrouve seul dans l'appartement ministériel. L'effervescence de la journée s'est dissipée. Plus de caméras, plus de collaborateurs empressés, plus de journalistes. Juste le silence et cette étrange sensation de dédoublement.

1. Il y a au ministère de la justice cinq directions : la Direction des affaires criminelles et des grâces, la Direction des affaires civiles et du sceau, la Direction de l'administration pénitentiaire, la Direction de la protection judiciaire de la jeunesse, et, enfin, la Direction des services judiciaires.

Je croise mon reflet dans le grand miroir doré du salon. Est-ce vraiment moi, cet homme en costume sombre, à la cravate parfaitement nouée ? Je m'approche, comme pour vérifier. Dans le miroir, je reconnais encore l'avocat, celui qui, pendant trente-six ans, a porté la robe noire avec passion et fougue. Celui qui s'est battu contre l'institution, ou plutôt qui a dénoncé ses dérives, qui a parfois fait trembler ses murs à coups de plaidoiries enflammées. Je vois ce Dupond-Moretti-là, les traits marqués par des milliers d'heures passées dans les prétoires, les yeux habités par la flamme du combattant. Mais je vois aussi, en surimpression, cet autre moi-même. Le garde des Sceaux. Celui qui ne peut plus se permettre les emportements, les formules à l'emporte-pièce, les indignations théâtrales qui ont fait ma réputation. L'homme qui doit désormais peser chaque mot, chaque geste. L'homme qui, demain, parlera au nom de la République.

Rapidement, vous vous installez dans l'appartement du ministre, situé au sein même de la place Vendôme, c'est pour le côté facilité, pour gagner du temps au vu de la charge de travail qu'implique la fonction de ministre ?

Au début, je ne l'occupe pas beaucoup, préférant rentrer chez moi, dans mon appartement personnel.

Mais quand on finit très tard – ce qui arrive souvent – et qu'on doit recommencer tôt le lendemain, le temps de trajet devient vite insupportable. Je décide donc de rester sur place. J'y vis plus de quatre ans, avec une règle personnelle : quand ma compagne vient, nous n'y restons pas. C'est une façon saine de préserver notre intimité, de séparer vie privée et fonction publique.

Je peux dormir dans une chambre donnant sur la place, mais je préfère celle qui donne sur la cour intérieure, bien plus calme. La place Vendôme est magnifique, mais bruyante. En revanche, la salle à manger offre une vue imprenable sur la colonne Vendôme et l'ensemble de la place. C'est féerique, surtout le soir, quand elle est illuminée. J'ouvre souvent la fenêtre, protégé par les rideaux, pour contempler ce panorama. L'hiver, quand la neige recouvre les pavés, le spectacle est absolument magique. C'est définitivement, à mes yeux, la plus belle place de Paris.

Je n'ai pas remis les pieds à la Chancellerie depuis la fin de mon ministère. Je n'en ai pas encore eu l'envie, l'émotion reste forte. Ces lieux sont liés à quatre années intenses de ma vie, avec leurs hauts et leurs bas, leurs satisfactions et leurs déceptions.

Un autre aspect du changement de vie, c'est la protection rapprochée. Du jour au lendemain, en tant que ministre, vous êtes constamment escorté

par des officiers de sécurité. C'est à la fois rassurant et contraignant? Et puis, vous étiez un homme très libre, comment on intègre ces contraintes à sa liberté de mouvement?

Ces professionnels font de leur mieux pour être discrets – au restaurant, ils se fondent dans le décor, on ne les remarque presque pas –, mais leur présence est constante en dépit de mes vaines tentatives pour leur fausser compagnie. Eux-mêmes sont conscients de cette intrusion dans votre vie quotidienne. J'entends souvent l'un d'eux me dire : « Monsieur le ministre, on ne sait pas comment vous faites pour nous supporter. On est présents tout le temps, tout le temps. »

Cette surveillance permanente s'étend même à mes visites familiales. Quand je vais voir ma mère dans sa petite maison du Nord, ils me déposent à sa porte, puis attendent mon appel pour revenir me chercher. Une présence nécessaire, mais parfois pesante.

Et votre mère, cela ne la perturbe pas trop, tout ce monde autour et ce changement de vie?

Ma mère vient plusieurs fois au ministère. Elle est émerveillée, éblouie par les lieux, par leur magnificence. Pour comprendre son émotion, il faut savoir qu'elle a quitté l'Italie dans sa jeunesse parce qu'elle y crevait de faim. La voir contempler les dorures et les splendeurs de la place Vendôme est particulièrement touchant. Elle regarde tout cela comme on regarde les étoiles, avec un mélange d'incrédulité et d'émerveillement qui en dit long sur ce qu'elle a vécu.

Mes enfants aussi viennent, mais leur réaction est différente. N'ayant pas connu les privations de leur grand-mère, ils n'ont pas la même perception de ces lieux prestigieux.

Pour eux, c'est impressionnant, bien sûr, mais pas aussi vertigineux et déroutant que pour votre mère qui a connu la misère ?

Cette différence générationnelle me fait souvent réfléchir à mon propre parcours. Je me souviens de ma première fois en avion, à l'âge de 23 ans, lorsque j'ai remporté un prix d'éloquence. J'ai été invité par le Barreau de Marseille pour représenter celui de Lille. Je suis arrivé avec le bâtonnier de ma ville, ne sachant absolument pas comment prendre un billet d'avion. J'ai observé tous ses gestes, m'efforçant de les reproduire pour ne pas trahir mon inexpérience. Dans l'avion, il a sorti des lunettes de soleil de sa poche. Et moi, persuadé que c'est un accessoire indispensable en vol, je lui ai avoué, penaud : « J'ai oublié les miennes. ».

Mes enfants ont grandi avec un père qui est devenu bourgeois. Ce sont des enfants de bourgeois, et ce n'est pas la même façon d'être. Si vous avez eu la chance de naître dans un environnement privilégié, vous êtes forcément moins impressionné par le faste de la Chancellerie que si vous venez d'un milieu où l'on a dû se battre pour chaque petit confort.

Et tout le monde est aux petits soins pour vous. Comment on vit ça, quand on n'est pas habitué à tant de déférence ?

Mon adaptation à la vie ministérielle se manifeste aussi par mes rapports avec le personnel du ministère. Le « Monsieur le ministre » qu'on me sert à longueur de journée met du temps à me sembler naturel. Je me souviens très bien d'un jour où, alors que je suis seul dans mon bureau, quelqu'un frappe à la porte. Je dis « Entrez », et un membre du personnel me demande : « Vous voulez un café, Monsieur le ministre ? » Je marque un temps d'arrêt avant de répondre, me disant intérieurement : « Moi, il m'appelle Monsieur le ministre ? » Avec le personnel de service – ceux qui servent les déjeuners, les secrétaires, les huissiers – se développe une relation particulière. Bien sûr, il y a toujours cette distance protocolaire du « Monsieur le ministre ».

En même temps, une forme de proximité s'installe, presque comme une petite famille ?

Ces personnes sont à mon service, je le sais, mais elles sont aussi dévouées, gentilles, attentionnées. La moindre des choses est d'être bienveillant avec elles, et je m'efforce de l'être constamment. Ce qui circule dans les couloirs d'un ministère, c'est la façon dont les ministres se comportent avec le personnel. Certains ministres, même de gauche, ont la réputation de ne jamais dire bonjour et d'être odieux… Eh oui ! il y a même quelques ministres de gauche qui n'ont pas serré la main d'un ouvrier depuis cinquante ans…

Peu à peu, vous preniez vos marques place Vendôme, avez-vous personnalisé les lieux, votre bureau notamment ?

La personnalisation de mon bureau ministériel est minimale, par choix. J'y ajoute simplement quelques photos dont une qui m'a été offerte par l'administration pénitentiaire lors d'une de mes visites, un album de Brassens et un vieil album 45 tours de Serge Reggiani qui m'ont été offerts également. Sur mon bureau, visibles uniquement de ma place, quelques photos de famille : ma compagne Isabelle, le mariage de mes parents, et une photo de mes enfants. Je souhaite que les lieux conservent leur sobriété et leur majesté historiques, je ne veux pas les surcharger d'éléments personnels. Ainsi, j'ai l'impression de ne pas faire d'amalgame entre vie publique et vie privée. Une façon de me préserver.

Chaque jour en franchissant le seuil de ce bureau, je continue de ressentir le poids de l'Histoire. Je suis souvent passé devant le ministère avant d'y travailler, et je l'ai toujours regardé avec respect et admiration, conscient qu'il représente une part importante de notre République. Les symboles, les lieux, ne sont jamais anodins dans la vie d'une nation.

– 3 –

« Monsieur le ministre, ici on souffre en silence ! »

Très vite, vous devez vous rendre à l'Assemblée nationale, vous n'avez pas les codes... C'est un vrai baptême du feu ?

Je n'y avais jamais mis les pieds auparavant, je ne la connaissais que par les images télévisées des questions au gouvernement. Et je ne savais pas que le son est filtré pour les téléspectateurs ! La réalité est bien différente : quand j'y entre, c'est comme si je débarquais au stade Vélodrome. Ça hurle, ça gueule, ça crie de toutes parts. Je suis l'une des « vedettes » du nouveau gouvernement, donc je suis particulièrement visé. Je me dis : « Qu'est-ce que c'est que ce truc ? » Et quand je pense que Hugo, Clemenceau, Jaurès se sont exprimés en ces lieux, je trouve cela complètement fou.

Vous y entrez comme un taureau dans l'arène ?

Je ne dirai pas ça, je ne suis pas là pour en découdre, mais les hostilités commencent tout de suite. Ma première question vient d'un député situé très à droite de l'hémicycle – Antoine Savignat, avocat comme moi, qui est depuis devenu un ami, mais que je ne connais pas à l'époque. Ne sachant pas à quel groupe politique il appartient, je crois sur le moment qu'il vient de l'extrême droite (alors qu'en réalité il siège auprès de LR). Ce député me demande : « Vous aviez dit sur un plateau de télé que vous ne seriez jamais ministre, et pourtant vous l'êtes. Pouvez-vous nous expliquer ? » Je bredouille une réponse, expliquant que tout le monde peut changer d'avis, que cette éventualité était tellement improbable (dans un excès de zèle sans doute coupable, j'avais même ajouté que ce serait le « bordel ») au moment où la journaliste Audrey Crespo-Mara (dans son émission du 15 avril 2018 sur LCI) m'avait posé cette question… Pendant que je parle, le chahut redouble dans l'hémicycle. Ne sachant comment réagir, et que faire de ma surprise et de mon désarroi, je me tourne vers Richard Ferrand, le président de l'Assemblée. Bienveillant et taquin, il me lance cette phrase que je n'ai jamais oubliée : « Ici, Monsieur le ministre, on souffre en silence. »

C'est un sacré bizutage tout de même ?

Oui, et je comprends vite que le format des questions au Gouvernement est à l'opposé de mon expérience d'avocat. Dans ma carrière au barreau, il me faut trois quarts d'heure, une heure et quart, parfois une heure et demie pour développer une plaidoirie complète, sans jamais répéter le même argument. À l'Assemblée, il faut tout condenser en deux minutes chrono. Pour être tout à fait honnête, je ne m'y habituerai jamais vraiment.

En revanche, j'adore le travail en Commission des lois, où l'on peut réellement débattre, prendre le temps d'expliquer, d'échanger. Les questions d'actualité au Gouvernement me semblent souvent trop théâtrales, trop artificielles. Soit un député de votre camp vous pose une question bienveillante qui vous permet de dérouler vos éléments de langage, soit un opposant vous attaque frontalement et n'écoute même pas votre réponse, puisqu'il lit déjà sa réplique, préparée à l'avance. C'est un peu comme le jeu des comédiens au théâtre – chacun joue son rôle, mais le véritable dialogue est rare.

Cette mise en scène de la démocratie me paraît toujours délétère en termes d'image. J'aurais préféré un système où, une fois par mois, le ministre est seul face aux parlementaires pour un vrai bilan de son action : « Qu'avez-vous fait depuis un mois ? Comment ? Pourquoi ? » Un format plus constructif, plus informatif pour les citoyens. Cette idée me vient de Belgique. En effet, une fois par mois, les juges d'instruction belges viennent avec leurs dossiers devant la Cour d'appel pour expliquer ce qu'ils ont fait ; l'audience permet notamment au parquet, aux avocats de la défense et de la partie civile, de les interroger directement. J'ai d'ailleurs voulu mettre en place cette mesure, mais j'ai dû y renoncer pour des questions logistiques, pratiques, et de réalité territoriale, tout simplement.

Les débuts d'un ministre sont un apprentissage constant. Dominique Perben, ancien garde des Sceaux, a confié qu'il fallait six mois pour vraiment comprendre le fonctionnement de la machine ministérielle. Six mois pour appréhender tous ces rouages, toutes ces subtilités, tous ces domaines qu'on ne maîtrise pas forcément au départ. Je partage complètement cette analyse. Il y a tellement de choses à assimiler d'un coup : les sujets qu'on ne connaît pas du tout, les codes de la haute fonction publique, le langage politique…

En dehors de ces découvertes quotidiennes, une autre expérience marquante est mon premier Conseil des ministres. Je dois y présenter un texte sur le CESE (Conseil économique, social et environnemental) dont je maîtrise mal les subtilités à l'époque. On m'a préparé des fiches que je lis presque religieusement, plongé dans la liturgie du Conseil. Le Président m'adresse un petit clin d'œil chaleureux à la fin de ma présentation – un encouragement bienveillant qui semble dire : « Vous avez bien lu, Monsieur. » Je ne suis pas dupe du compliment, mais j'apprécie cette marque de soutien.

Le Conseil des ministres, c'est quelque chose de très codifié. Y a-t-il de la place pour la discussion ?

Le Conseil des ministres est un rituel fascinant de notre République, bien loin de l'image qu'on peut s'en faire de l'extérieur. Il commence toujours par un moment informel, où les ministres échangent autour d'un café ou d'un jus d'orange avant le début officiel de la séance. C'est pour moi l'occasion de faire connaissance avec mes nouveaux collègues. L'huissier annonce ensuite l'arrivée du Président, et chacun prend place selon un ordre protocolaire strict, avec un carton indiquant son nom. Le Président revient d'abord sur la semaine écoulée, commentant les événements politiques marquants. Je suis toujours impressionné par sa maîtrise des dossiers – je dois reconnaître que, quelles que soient les critiques qu'on puisse lui adresser, Emmanuel Macron est un homme intellectuellement hors norme. Il donne ensuite la parole au Premier ministre, qui la prend ou non, selon les circonstances. Vient alors la présentation des projets de loi. Chaque ministre concerné expose son texte, puis les autres peuvent intervenir s'ils le souhaitent. Contrairement à ce qu'on pourrait croire, c'est un véritable lieu d'échanges, pas simplement une chambre d'enregistrement. Sur certains sujets, des débats animés peuvent surgir. Le Conseil se termine par les nominations – recteurs d'académie, directeurs de cabinet, préfets –, parfois des dissolutions d'associations prononcées par le ministre de l'Intérieur, puis un tour d'horizon de la situation internationale. Chaque semaine un ministre différent vient présenter le fruit de son travail.

À l'issue du Conseil des ministres, la ou le porte-parole du Gouvernement fait un point presse. Mais je veux rassurer le lecteur, si tout n'a pas été dit dans le point presse, il lui suffira d'acheter *Le Canard enchaîné* de la semaine suivante. En effet, le Conseil des ministres n'est pas étanche et certains ministres, au gré de leurs intérêts inavouables, font des « off » que la presse maquille pour protéger ses sources, et on lit alors qu'« un proche du président de la République » ou « un conseiller bien informé » « a dit que »…

– 4 –

Les « no-bods » dans la place (Vendôme)

Comment fait-on pour constituer son cabinet ministériel ? On compose avec des amis, des connaissances, on vous impose de gens ?

Contrairement à ce qu'on pourrait croire, ça n'est pas une partie de plaisir. Personne ne vient spontanément, et pour cause : François Molins, alors procureur général près la Cour de cassation et patron du Conseil supérieur de la magistrature[2] pour le parquet, a donné des consignes claires à certains magistrats pour qu'ils ne viennent pas travailler avec moi. Une magistrate brave ces pressions. Elle vient malgré tout

2. Le Conseil a notamment en charge la discipline et la carrière des magistrats. Les deux chefs de la Cour de cassation, le procureur général et le premier président, dirigent respectivement la formation disciplinaire qui concerne le parquet et la formation disciplinaire qui concerne les juges du siège.

en tant que conseillère, perdant au passage ses amis et prenant des risques pour sa carrière qui est, d'une certaine façon, entre les mains de Molins. Un acte de courage que je n'oublierai jamais et qui en dit long sur le climat qui règne alors.

D'autant que les magistrats considèrent immédiatement votre nomination comme une déclaration de guerre (on y consacrera un chapitre plus tard) dès votre nomination…

Dès ma nomination, Céline Parisot, présidente de l'Union syndicale des magistrats, dit aux médias que « ma nomination est une déclaration de guerre » ! Cette hostilité ne faiblit jamais et joue un rôle très important dans ce qui m'arrivera par la suite. Avant même que j'aie pu prononcer mon discours de passation, je suis déjà l'ennemi à abattre pour une partie de la magistrature.

La première personne de haut niveau à me rejoindre et à passer outre ce contexte délétère est Véronique Malbec, haute magistrate, ancienne procureure générale à Rennes puis à Versailles, unanimement respectée dans sa profession. Elle vient d'abord par curiosité, pour voir, pour renifler la bête. Nous nous entendons immédiatement bien, et elle accepte de devenir ma directrice de cabinet – une décision qui n'est pas sans risque pour elle. Celles et ceux qui viennent travailler à mes côtés sont considérés comme des traîtres, des collabos, par certains de leurs pairs.

Nous constituons progressivement une équipe complète, mais à peine est-elle formée que de nouvelles polémiques médiatiques éclatent. Le journal *Libération* qualifie mon cabinet de « no-bods », dérivé de « nobodies », suggérant qu'il est composé de personnes insignifiantes – une insulte inacceptable pour ces professionnels de haut niveau qui ont accepté de me rejoindre.

Pourquoi* Libé *dit-il ça ? Les membres de votre cabinet n'avaient-ils pas assez fait leurs preuves ?

C'est à *Libé* qu'il faut poser la question ! Dire que Véronique Malbec, avec son parcours exceptionnel, est à la tête d'un cabinet de « no-bods » relève de l'injure pure et simple.

Une seconde polémique suit dans la foulée, concernant le fait que Véronique est l'épouse du directeur général de la Police nationale.

En quoi est-ce gênant, ça ?

Pour eux, c'était comme si cela constituait un conflit d'intérêts ! Je réponds publiquement, avec une pointe d'ironie et de provocation : « Mais il aurait fallu que la directrice de cabinet du garde des Sceaux soit la femme d'un voyou ? C'est ça que vous auriez souhaité ? » Je comprends vite que certains médias privilégient la critique systématique, quelle que soit la réalité des faits.

Mon cabinet, une fois constitué, comporte plus de femmes que d'hommes – un point que je tiens à souligner, car on a aussi instruit mon procès en machisme pendant ces années. Non seulement je respecte, mais je vais au-delà des règles de parité. De même, mon équipe est très largement composée de magistrats, hommes et femmes, contredisant l'image du cabinet « anti-magistrats » qu'on a tenté de m'accoler.

Il faut ensuite appréhender la haute administration du ministère, les différentes directions. C'est un véritable choc des cultures. Moi qui ne suis pas du tout technocrate, je me retrouve face à de hauts fonctionnaires qui parlent une langue particulière, un jargon administratif souvent impénétrable. On connaît cette plaisanterie selon laquelle dans l'Éducation nationale, on appelle un ballon un « référentiel bondissant » et un ballon de rugby « un ballon référentiel aléatoire »... Eh bien ! je découvre que chaque ministère a ses codes, son dialecte spécifique.

Il faut que nous nous apprivoisions mutuellement. Que je m'adapte aux membres du ministère, mais qu'ils fassent aussi un pas vers moi. Je me souviens être allé saluer tout le monde au ministère lors de mes premiers jours – une façon de prendre le pouls de l'institution et de me présenter à ceux qui vont désormais travailler sous ma direction. Deux magistrats me marquent particulièrement : ils gardent les mains dans les poches quand j'entre dans leur bureau, ne se levant même pas pour me saluer. Je dois faire un petit geste de la main, de bas en haut, pour leur rappeler les règles élémentaires de politesse : « Ce n'est pas à vous de choisir votre ministre. Je viens par correction, on peut dire bonjour. Respectez-moi. »

Cette anecdote illustre bien le climat qui règne alors. Certains hauts magistrats vous voient comme un ennemi, vous qui avez tant critiqué l'institution et certaines de ses dérives…

Oui, comme un ennemi à abattre. Je suis l'avocat entré dans le saint des saints, une anomalie dans leur univers bien ordonné. Un *ojni* même (objet judiciaire non identifié). Il va falloir gagner leur respect, non par mon titre, mais par mon travail quotidien.

La constitution de mon cabinet se fait dans un contexte médiatique hostile. Le cabinet d'un ministre est une structure complexe. Il y a un directeur ou une directrice de cabinet, un directeur adjoint, puis toute une série de conseillers spécialisés : conseiller parlementaire, conseiller budgétaire, conseiller affaires étrangères, conseiller civil, conseiller pénal, conseiller pour la protection judiciaire de la jeunesse, conseiller pour l'administration pénitentiaire, un conseiller en communication… Chaque domaine exige une expertise pointue.

Ma directrice de cabinet, Véronique Malbec, joue un rôle crucial. Elle connaît parfaitement les rouages de l'administration, les codes implicites, les rapports de force. Sans elle, mon adaptation aurait été bien plus difficile. Elle sait naviguer entre ma vision « charnelle » de la justice, forgée par mes années de barreau, et les contraintes administratives et politiques inhérentes à la fonction ministérielle. Je dois également chaleureusement remercier Rémi Decout-Paolini, conseiller d'État, qui est venu à mes côtés occuper les fonctions de directeur de cabinet adjoint.

En devenant ministre, vous avez donc renoncé à un certain train de vie, cela implique des sacrifices financiers. Pourtant, votre patrimoine fait polémique à votre nomination ?

Le renoncement financier qu'implique cette nomination n'est jamais un sujet pour moi, aussi étonnant que cela puisse paraître. Je sais parfaitement que je vais perdre de l'argent – et pas qu'un peu. Je divise mes revenus par quatorze en devenant ministre. Non, ce qui me fait du mal, c'est qu'après la publication par la Haute Autorité pour la transparence de la vie publique de mes revenus et de mon patrimoine, certains médias – *Mediapart* en tête, ce même média qui a tant de mal à payer sa TVA, mais qui donne des leçons à tout le monde, ou encore Violette Lazard de *L'Obs* – s'empressent de commenter ma voiture de luxe ou ma montre haut de gamme, comme si je les avais volées. Personne ne croit devoir préciser que j'ai commencé à travailler très jeune, que ces objets sont le fruit de mon travail, un choix personnel que j'assume pleinement. Si j'avais placé cet argent à la Caisse d'Épargne au lieu d'acheter une belle voiture, personne n'en aurait fait cas.

C'est là tout le paradoxe : avant ma nomination, certains appréciaient ma liberté de ton, mon franc-parler. Le jour où je deviens ministre, je deviens une cible à abattre pour certains. Ce voyeurisme médiatique autour de mon patrimoine est indigne et s'inscrit dans un panurgisme journalistique où chacun se sent obligé de participer, même ceux qui n'y tiennent pas particulièrement.

Il convient de préciser que quand un ministre est nommé, il fait l'objet d'un contrôle fiscal, et je pense qu'il est tout à fait normal que l'on s'assure qu'un ministre ne va pas profiter de ses fonctions pour s'enrichir. Pour autant, la révélation publique de son patrimoine génère un voyeurisme malsain. J'ai d'ailleurs dit à Didier Migaud, ancien président de la Haute Autorité pour la transparence de la vie publique, que je n'avais jamais parlé d'argent avec mes enfants. Certes, ils savaient qu'ils étaient privilégiés, je voulais qu'ils aient envie de réussite, mais de *leur* réussite. Et puisque l'on parle d'argent, un ministre gagne 6 800 euros nets, impôts payés et, si j'ai bien conscience qu'il y a pire salaire, il faut rapporter cette somme au volume de travail. J'ai calculé 432 heures de travail par mois, soit un taux horaire de 15,70 euros, chacun jugera.

D'emblée dans cet univers pour vous, c'était un peu David contre Goliath, et on ne vous donnait pas longue vie au ministère…

À mon arrivée, beaucoup de journalistes et d'observateurs ne me donnaient pas plus de trois semaines de vie ministérielle. « Il ne va pas tenir, il a un mauvais caractère, il n'est pas formaté… » Même certains ministres ne misaient pas sur moi, comme Jean-Michel Blanquer, qui disait dans mon dos à des journalistes qu'au Conseil des ministres, j'étais comme King Kong en laisse.

Les débuts d'un ministre sont un apprentissage permanent. Il faut comprendre les codes, repérer les non-dits, s'adapter à un monde où la parole est infiniment plus contrainte qu'au barreau. Je saisis rapidement qu'un ministre ne peut pas s'exprimer comme un simple citoyen. Chaque mot est scruté, analysé, souvent déformé.

Dans ce tourbillon des premiers mois, il me faut trouver des repères, construire une équipe solide, et surtout, ne jamais perdre de vue pourquoi je suis là : pour transformer de l'intérieur cette institution que j'ai tant critiquée. Pour mettre en œuvre des réformes qui changeront concrètement la vie des justiciables, des détenus, des professionnels du droit.

Les « no-bods » sont dans la place. Et nous sommes bien décidés à y laisser notre empreinte, malgré les vents contraires.

– 5 –

Le garde des Sceaux, il peut tout ?

En tant qu'avocat vous n'aviez pas que des enfants de chœur parmi vos clients. Ça a dû leur paraître étrange que leur avocat soit d'un coup ministre, certains ont tenté de vous contacter à votre arrivée place Vendôme ?

Oui, dès mes premières heures à la Chancellerie, mon portable vibre dans ma poche. Un numéro que je ne connais pas. 03 27… Je décroche, par réflexe professionnel sans doute.

« Maître ? C'est bien vous ? » Une voix que je reconnais. Je réalise immédiatement. C'est un détenu. Un ancien client qui me téléphone depuis la centrale d'appels d'une prison. Et je comprends que ce ne sera pas le seul. Dans les vingt-quatre heures qui suivent ma nomination, je reçois plusieurs appels du même genre. Des hommes que j'ai défendus qui pensent, naïvement ou non, que leur ancien avocat devenu ministre peut « arranger » leur situation. Comme si je pouvais tout à coup ouvrir les portes des prisons sur un simple coup de fil. Je demande aussitôt à l'administration pénitentiaire de bloquer mon numéro personnel. C'est la première règle que je m'impose : je ne réponds plus qu'aux contacts que je connais. La frontière entre l'avocat que j'étais et le ministre que je suis doit être étanche. C'est une question d'éthique, de déontologie, de respect pour le statut de garde des Sceaux. Et aussi une façon de ne pas me faire dépasser par ma fonction.

Quelques jours plus tard, un ancien client m'appelle : « Comment ça va, Maître ? » Je lui réponds poliment : « Monsieur le ministre, ça va très bien. » Il enchaîne : « Je vous vois, là, d'où je suis. » Je frémis. Le type avait une chambre au Ritz, son balcon donnait directement sur le jardin de la Chancellerie.

C'était quoi comme profil de voyou ? Pas vraiment le profil du petit délinquant de banlieue, plutôt celui du col blanc ?

Assez fortuné en tout cas pour séjourner dans un palace avec vue sur le bureau du garde des Sceaux. Cette proximité physique me met mal à l'aise, comme si mon ancienne vie me surveillait par-dessus l'épaule.

La fonction de garde des Sceaux est entourée de mythes. Le principal étant qu'il peut tout faire. Que la justice est aux ordres du ministre.

Rien n'est plus faux, et pourtant cette croyance est tenace, même – surtout – chez les politiques.

Est-ce que vous recevez beaucoup d'appels de gens, et notamment politiques, qui disent : « Vous allez bien pouvoir m'arranger ça puisque vous avez la main sur la justice » ?

Sur mon bureau s'empilent déjà très vite les courriers de députés. « Monsieur le ministre, cher ami… » Ils commencent tous ainsi, avec cette familiarité – feinte ou réelle – du monde politique. Puis vient invariablement la requête : « Mme Duchmol, boulangère dans ma circonscription, fait l'objet de poursuites injustes… Merci d'intervenir. » J'ai envie de leur répondre : « Cher ami, la séparation des pouvoirs fait que le garde des Sceaux ne peut pas intervenir. » Ce courrier n'est qu'une façon pour le député de montrer à sa boulangère qu'il s'occupe de son cas, qu'il est intervenu « au plus haut niveau », mais au fond, il sait pertinemment que sa requête n'a aucune chance d'aboutir. Parmi les auteurs de ces missives, il y a ceux qui savent que le ministère de la Justice ne peut rien, mais ils sont conscients qu'au moment de glisser son bulletin dans l'urne, la boulangère se souviendra que le député a bien tenté de l'aider. Et puis, il y a ceux qui ont connu les temps anciens où la justice était aux ordres.

Ça, c'est le député pour Mme Duchmol. Mais est-ce que dans des affaires plus sensibles – comme le procès du Modem, du RN, de Sarkozy, etc. – des personnalités qui ont exercé au plus haut niveau de l'État peuvent vous demander d'intervenir en se disant : « Je passe un coup de fil au ministre de la Justice, il va régler le problème. » Est-ce que c'est communément répandu ?

Disons que ces demandes d'intervention ne viennent pas que du menu fretin parlementaire. Certains, qui ont connu l'ancienne époque, celle où la justice était véritablement aux ordres, pensent que cette ère perdure. Ils sont convaincus que d'un coup de fil au ministre, on peut « arranger » un dossier épineux. Je repense à cet appel que j'ai reçu un jour. Non pas une demande d'intervention directe, mais un coup de fil pour m'engueuler parce que je n'étais pas intervenu dans une affaire. J'ai dû rappeler à mon interlocuteur – un politique de haut rang – que la séparation des pouvoirs était une règle fondamentale de notre démocratie. Règle à laquelle j'étais viscéralement attaché. L'échange glacial s'est arrêté là.

La meilleure preuve que la justice n'est plus aux ordres : mon propre bureau ministériel a été perquisitionné (dans le cadre de l'affaire de prise illégale d'intérêts pour laquelle j'ai été acquitté). Trois juges d'instruction, vingt-deux gendarmes armés, rien que ça ! Et j'ai été renvoyé devant la Cour de justice de la République avant d'être innocenté, j'y reviendrai plus longuement. Si le ministre lui-même peut être inquiété par la justice, comment peut-on encore croire qu'il la contrôle ?

Mais le commun des mortels ne croit pas vraiment à cette indépendance. Et l'élite politique qui a connu l'ancienne époque non plus. Ils aimeraient bien revenir à ce temps où un coup de fil suffisait.

Et en même temps, ils trouvent que la justice est laxiste…

On nous dit qu'il faut durcir la justice face à « l'ensauvagement » de la société. Face à la dureté et à la violence de la société, les médias Bolloré martèlent en boucle sur leurs chaînes et dans leurs colonnes que la justice est laxiste. On entend partout : « Il faut de l'ordre, de l'ordre, de l'ordre. » Pour eux, et pour une partie de l'opinion publique, le garde des Sceaux peut tout et il est donc responsable de ce manque de sévérité. C'est un refrain que je connais par cœur. Mais la réalité est tout autre.

Notre législation est déjà l'une des plus dures d'Europe. Nous avons la réclusion criminelle à perpétuité réelle, celle-là même que réclame le Rassemblement national et qui est déjà dans nos textes depuis longtemps. Salah Abdeslam y a été condamné.

Bien sûr, il y a toujours un exemple qui fait bondir tout le monde. Ce travail d'intérêt général pour un homme qui a agressé un médecin de 64 ans sur son lieu de travail. Tout le monde s'indigne, et je comprends cette indignation. Mais le garde des Sceaux, bien qu'il en porte la responsabilité aux yeux de l'opinion publique, ne peut pas intervenir. S'il le faisait, il briserait cette fameuse séparation des pouvoirs qui est le ciment de notre démocratie. Ce n'est pas une coquetterie d'intellectuel ou de « gaucho-humaniste » comme certains aiment à le dire. C'est le fondement même de notre État de droit.

Quand on regarde ce qui se passe en Hongrie, en Russie, où les juges n'ont aucune liberté d'appréciation quant à la peine à prononcer, où les avocats eux-mêmes ne sont pas libres, on mesure l'importance de préserver cette indépendance. Je me souviens avoir reçu des avocats polonais avant le changement politique dans leur pays. J'ai également reçu des magistrats hongrois que Viktor Orbán, le Premier ministre et ami de Marine Le Pen, a mis au pas forcé. Leurs témoignages m'ont glacé le sang. Je n'ai pas envie que nous connaissions cela en France.

Oui, il y a parfois des décisions judiciaires incompréhensibles, sur lesquelles certains médias pilonnent à longueur de journée. Mais ces cas isolés ne justifient pas de remettre en cause l'ensemble de notre système judiciaire ni de revenir à une justice aux ordres du pouvoir politique. Mais laissez courir le bruit selon lequel le garde des Sceaux a la main sur la justice, c'est bien utile pour les opposants politiques qui colportent l'idée que le garde des Sceaux et le Gouvernement auquel il appartient sont responsables des décisions de justice incompréhensibles pour le commun des mortels.

Ce soir de juillet 2020, je me lève de mon bureau et m'approche de la fenêtre. Je pense à cet homme au Ritz qui croit que je vais le tirer de ses démêlés avec la justice. J'imagine qu'il me voit et me fait un signe discret de la main. Je détourne les yeux. La frontière entre l'avocat que j'étais et le ministre que je suis doit rester infranchissable. C'est à ce prix que la justice restera indépendante. Et c'est cette indépendance qui fait de moi non pas un homme tout-puissant, mais bien le gardien des lois, le garde des Sceaux.

– 6 –

« Ministre des Détenus »

Votre première visite en tant que ministre a lieu dans une prison, une visite qui a fait couler beaucoup d'encre…

Le 8 juillet 2020, pour ma première journée en tant que ministre, je me rends à Fresnes. Le soleil brille dehors, mais à l'intérieur, c'est l'ombre qui règne en maître. Les couloirs sont froids, l'air est lourd, chargé d'histoires que personne ne veut entendre. Je suis ministre de la Justice depuis à peine quelques heures, et déjà, le monde carcéral m'accueille à sa façon.

Je franchis le portique de sécurité, les agents pénitentiaires m'entourent, certains me regardent avec curiosité, d'autres avec méfiance. « L'avocat des voyous est devenu notre patron », doivent-ils penser. Je ne leur en veux pas. La méfiance est légitime dans ce métier difficile, ingrat, mais essentiel.

Premier couloir, première porte blindée qui s'ouvre, puis se referme dans un claquement métallique. Le bruit est sec, définitif. C'est le son de la liberté qu'on suspend. Combien de fois l'ai-je entendu en tant qu'avocat ? Des centaines, des milliers peut-être. Mais aujourd'hui, c'est différent. Je ne suis pas là pour défendre un homme, mais pour porter la responsabilité d'un système tout entier.

On pénètre dans la prison. L'odeur d'abord. Cette odeur de renfermé, d'humanité concentrée, d'anxiété et de détergent industriel. Un cocktail unique au monde. Puis vient le bruit. Les détenus tambourinent sur les portes à mon passage. *Bam, bam, bam !* C'est assourdissant. Une cacophonie métallique qui résonne le long des coursives. Une façon pour eux de marquer leur présence, de se manifester. Peut-être aussi de me dire : « Hé, l'ancien avocat, tu es passé de l'autre côté maintenant ! » J'entends certains clamer mon surnom des prétoires : « Acquitator ». Ces hommes savent parfaitement qui je suis, quel avocat j'ai été. Ils ont entendu parler de mes combats dans l'arène judiciaire. Et me voilà, l'avocat pénaliste, maintenant garde des Sceaux. C'est une situation inédite pour eux comme pour moi.

Quelqu'un de mon équipe se penche vers moi : « Monsieur le ministre, nous pouvons faire demi-tour si vous préférez. » Je lui lance un regard qui suffit comme réponse. Bien sûr que non, on ne fait pas demi-tour. Je suis à ma place ici. Nous poursuivons la visite, je garde le dos droit, le regard ferme. Je les salue, ces hommes derrière les barreaux. Certains me répondent avec amabilité, d'autres me toisent. Je les comprends. Ceux qui pensent que la prison est une colonie de vacances se trompent complètement, et ils devraient se taire.

Les caméras tournent, la presse est là. C'était inévitable pour une première visite. Les images seront diffusées en boucle sur les chaînes d'information. Je le sais, je m'y suis préparé, mais je ne mesure pas encore l'impact que ces quelques minutes vont avoir sur mon image publique.

À ce moment, et ça vous collera à la peau durant tout votre ministère, vous apparaissez comme le « ministre des Détenus » !

Oui, de retour à la Chancellerie, les conseillers en communication sont sur le qui-vive. Les premières réactions sur les réseaux sociaux sont virulentes. On me parle déjà de « complaisance », de « copinage avec les détenus ». C'est ridicule, mais c'est ainsi. J'ai simplement fait preuve d'humanité et ça me revient en pleine face, comme un boomerang. Dans une époque où tout est raccourci, simplifié, caricaturé, on se prépare déjà à une tempête médiatique.

Elle ne tarde pas. Le soir même, sur les plateaux télé, les éditorialistes et commentateurs de l'actualité en boucle s'en donnent à cœur joie. « Dupond-Moretti cajole les détenus », entend-on sur un plateau. Un autre parle de « ministre qui préfère serrer la main des criminels plutôt que celle des victimes ». Plus tard, quand je recevrai des associations de victimes et que je mettrai en place un certain nombre de mesures en leur faveur, aucun d'entre eux n'en parlera… Ça ne colle pas avec le récit qu'ils veulent construire.

Évidemment, les adversaires politiques renchérissent. Marine Le Pen en tête. Elle s'empare immédiatement de ces images pour me qualifier de « ministre des Détenus ». Une étiquette infamante qu'elle me colle sur le front et que je dois traîner pendant mes quatre années et deux mois de ministère. Et elle me surnommera « Taubira en pire » – lorsque je recevrai Christiane Taubira à la Chancellerie, je l'appellerai « Mme Dupond-Moretti en mieux ». La politique, c'est aussi cette capacité à simplifier, à réduire, à caricaturer. C'est plus simple dans l'esprit des gens : Dupond-Moretti, ancien avocat pénaliste, est forcément du côté des voyous. C'est d'une facilité déconcertante.

Mais tout ça, ce sont des postures, de la petite politique politicienne qui ne m'intéresse pas. Je viens d'un monde, celui du barreau, où l'on se bat avec des arguments, des faits, des preuves. Pas avec des slogans ou des petites phrases assassines. Je dois m'adapter à cette nouvelle arène où les coups sont plus vicieux, moins frontaux. Dans un prétoire, on vous attaque en face ; en politique, on vous poignarde dans le dos tout en vous serrant la main. C'est un autre sport, avec d'autres règles.

Mais vous n'êtes pas du genre à accepter un poste pour être populaire ?

Je suis venu pour agir, pour réformer, pour tenter d'améliorer un système judiciaire à bout de souffle. C'est ce que j'explique à mon équipe ce soir-là : « Laissez-les dire, laissez-les nous caricaturer. Pendant qu'ils parlent, nous, on travaille. »

Six mois plus tard, lors d'une nouvelle visite en détention, la réception est tout autre : certains détenus vous insultent…

Oui, ils me traitent « d'enculé ». Je passe devant une cellule, un détenu me lance : « Dupond-Moretti, tu nous as trahis ! » Un autre renchérit : « On croyait que tu serais différent ! »

L'opinion est versatile, comme on dit. C'est aussi que nous avons mis en place des mesures qui n'ont pas forcément plu en détention, comme l'abrogation des réductions automatiques de peine en les conditionnant à l'effort. Des mesures concrètes, pas des effets d'annonce.

Je ne suis pas là pour être populaire. Je suis là pour faire ce qui est juste. Car c'est bien ça, l'enjeu : être juste. Pas pour être aimé ou admiré. Juste! Or, la justice, c'est l'équilibre. C'est reconnaître que la prison doit punir, mais aussi réinsérer. C'est admettre que même un détenu doit conserver sa dignité d'être humain, mais c'est aussi exiger de lui qu'il fasse des efforts pour mériter certains avantages. Une société n'est pas juste quand elle se venge, mais quand elle trouve le juste milieu entre sanction et rédemption.

Le fait est que je suis effectivement ministre des Détenus – mais pas seulement. Je suis aussi ministre de l'Administration pénitentiaire, dont j'ai revalorisé les salaires comme jamais auparavant, ce que les agents eux-mêmes reconnaissent. Vous n'entendrez jamais Marine Le Pen parler de ça. Ça ne l'intéresse pas, ça ne fait pas de bruit, ça ne fait pas peur. Pourtant, c'est une réalité : j'ai augmenté le budget de l'administration pénitentiaire de manière significative, créé des postes, amélioré les conditions de travail. Mais ça, ça ne rentre pas dans la case « ministre des Détenus ». Alors on n'en parle pas.

À l'été 2022, un autre épisode vient nourrir cette caricature, ce qu'on a appelé le « Koh Lanta des prisons », où on a entendu « Forcément, c'est possible,

parce que c'est le ministre de la Justice laxiste qui défend les détenus… »

C'est une histoire rocambolesque qui, encore une fois, a été déformée, simplifiée, instrumentalisée. Que s'est-il passé exactement ? Dans l'établissement pénitentiaire du Val-de-Marne, un directeur zélé a autorisé l'organisation de jeux inspirés de l'émission de télé-réalité. Des épreuves, des équipes, des récompenses. Sur le papier, pourquoi pas ? Garder les détenus occupés, créer du lien social, apprendre la coopération… tout ça peut sembler vertueux. Sauf que… *sauf que* certaines épreuves étaient filmées et diffusées sur les réseaux sociaux. *Sauf que* les récompenses comprenaient des activités que beaucoup de Français qui respectent la loi ne peuvent pas s'offrir. Et surtout, *sauf que* tout cela donnait l'image d'une prison-club de vacances, loin, très loin de la réalité carcérale faite de surpopulation, de violence, de désespoir.

Oui, mais n'y avait-il pas une part de vérité là-dedans : si le directeur de la prison autorise ce genre d'activités, c'est qu'il sait qu'il a un ministre qui est plutôt à l'écoute des détenus, plutôt qu'un mec « à la schlague » ?

Foutaises ! D'abord, le directeur de la prison en question, je ne le connaissais pas. Et moi, je suis en vacances quand j'apprends ça.

Je sens la colère monter en moi. Non pas contre ces hommes qui profitent d'un moment de légèreté – Dieu sait qu'ils en ont besoin –, mais contre un système qui autorise de tels dérapages médiatiques. Car c'est bien de cela qu'il s'agit : un dérapage médiatique, une image désastreuse pour l'administration pénitentiaire, pour la justice, pour mon ministère. Mon raisonnement, quel est-il ? C'est de dire qu'on mette du culturel, oui (j'ai créé le Goncourt des détenus), qu'on mette beaucoup de sport, bien sûr, qu'on mette du travail, évidemment. J'ai d'ailleurs considérablement augmenté le nombre de postes de travail disponibles. Il y a aujourd'hui beaucoup plus de détenus qui travaillent qu'avant mon arrivée.

Je me souviens du lancement du Goncourt des détenus. Une initiative dont je suis particulièrement fier. Quand j'en ai parlé à mon équipe pour la première fois, j'ai vu des regards perplexes. « Monsieur le ministre, vous êtes sûr ? Les gens vont encore dire que vous chouchoutez les prisonniers. » J'ai répondu : « La lecture, c'est une fenêtre sur le monde pour ceux qui sont enfermés. C'est un moyen de s'évader mentalement, de réfléchir, de se construire. Qui peut être contre ça ? »

Grâce à ce prix, j'ai vu des hommes, des femmes, dont certains n'avaient jamais ouvert un livre avant leur incarcération, parler de littérature avec passion, avec intelligence. Je suis certain que nous avons fait quelque chose de louable.

Concernant le travail en détention, c'était une priorité absolue. Un détenu qui travaille est un détenu qui apprend la discipline, un métier (il existe d'ailleurs un travail pénitentiaire diplômant), qui gagne un peu d'argent pour améliorer son quotidien et indemniser ses victimes, qui acquiert des compétences pour sa sortie. C'est aussi un détenu qui a moins de temps pour fomenter des troubles. J'ai multiplié les partenariats avec des entreprises, adapté le cadre légal, créé ce fameux contrat du détenu travailleur qui, pour la première fois, donne de vrais droits aux prisonniers qui travaillent. Là encore, mes détracteurs n'en ont pas parlé. Ça ne rentrait pas dans leurs cases. Mais qu'on propose aux détenus des loisirs que des Français ne peuvent pas offrir à leurs enfants, c'est très mauvais, parce que ça donne à croire, comme le disent certains, en particulier à l'extrême droite, que la prison est un hôtel. Voilà ce que pensent les gens. Ça fait du mal à l'ensemble du système carcéral. C'est une image qui dessert la cause que je défends : une prison plus humaine, mais pas moins prison pour autant.

Comment mettez-vous fin à cette polémique du « Koh Lanta des prisons » ?

Je coupe court à mes vacances. Je prends l'avion, direction Paris. Dans la voiture qui me conduit de l'aéroport à la Chancellerie, je prépare ma réaction. Elle doit être ferme, sans ambiguïté. Les Français doivent comprendre que je ne cautionne pas ces dérives. Sur les vidéos qui ont fuité sur les réseaux, l'on voit trois équipes – détenus, surveillants et habitants de Fresnes – s'affronter lors d'épreuves variées : questionnaire, karting, mime ou tir à la corde au-dessus d'une piscine. Je prépare un tweet : *« Après les images choquantes de la prison de Fresnes, j'ai immédiatement ordonné une enquête pour que toute la lumière soit faite. La lutte contre la récidive passe par la réinsertion mais certainement pas par le karting ! »*

Mais le mal est fait. L'image du « ministre des Détenus » est renforcée ?

Cette affaire me fait réfléchir à un problème plus profond. J'ai essayé de faire bouger une culture de l'administration pénitentiaire qui s'inscrit dans le « pas de vagues ». Je veux dire par là que quand on sent une odeur de shit sortir de la cellule, on fait comme si on n'avait rien senti pour ne pas accroître les tensions. Et quand il y a des détenus qui téléphonent avec des portables illégaux, on fait parfois comme si on n'avait pas entendu le coup de fil. Cette culture du laisser-faire, j'ai voulu y mettre fin.

La prison, c'est un équilibre fragile. On y ferme les yeux sur certaines choses pour avoir la paix sur d'autres, plus importantes. Où est la limite ? Qu'est-ce qu'on tolère et qu'est-ce qu'on ne tolère pas ? Qui décide ? N'est-ce pas aussi ça qui crée des tensions, cette application arbitraire des règles ? Car c'est bien là le problème : l'arbitraire. Dans un État de droit, les règles doivent être claires et appliquées de manière équitable. Pas selon l'humeur du jour, pas selon le détenu concerné, pas selon le surveillant de service. J'ai voulu instaurer plus de rigueur, plus de cohérence. Ça n'a pas plu à tout le monde, y compris à certains détenus qui bénéficiaient jusque-là d'un système trop souple. Je ne crois pas avoir été laxiste.

C'est une ligne de crête qui est difficile à tenir, c'est du « en même temps » : humanisme, mais sans angélisme, et fermeté sans démagogie…

Ça ne tient pas dans un tweet, ça ne fait pas une bonne *punchline* pour un débat télévisé, mais c'est la vérité de mon action.

Sauf qu'il y a une difficulté à faire de la politique quand on est Éric Dupond-Moretti : l'image est plus forte que tout. On est dans une époque qui laisse peu de place à la nuance, qui simplifie tout…

En l'occurrence, on est là sur un cliché : l'ancien avocat pénaliste, la « machine à acquitter », forcément laxiste, etc.

C'est sous cet angle-là qu'encore une fois, dans une forme de panurgisme médiatique, on va présenter les choses. Est-ce qu'on me donne une heure pour m'expliquer complètement sur ce qui s'est passé ? Pas du tout. Tout va trop vite, on veut du buzz, du « putaclic » comme on dit, on n'a pas le temps de s'arrêter, et les *a priori* ont une place énorme. Les chaînes d'info en continu ne disent pas les choses une fois mais cent. Quand il y avait un meurtre autrefois, on lisait ça dans son journal ; aujourd'hui, on entend cinquante fois parler de ce meurtre, et ça finit par taper sur les esprits. C'est aussi ce que j'ai expliqué, ce qui a été très polémique, sur la différence entre l'insécurité et le sentiment d'insécurité.

Autre exemple en région parisienne, à la fin de l'été 2021, lors d'une visite dans un centre éducatif fermé. Il s'agit d'un lieu difficile où l'on place des mineurs qui ont commis des actes graves, souvent violents. L'objectif de ces centres est d'éviter la prison aux plus jeunes, de leur offrir une dernière chance avant l'incarcération. Je vois un gamin complètement à la dérive avec une histoire à pleurer. Un parcours de vie chaotique, des parents absents ou maltraitants, l'école buissonnière, les mauvaises fréquentations, la petite délinquance, puis les délits plus graves. L'histoire classique, malheureusement. Je lui parle, il est méfiant au début, puis il s'ouvre un peu. Il me raconte sa vie, ses erreurs, ses espoirs aussi. Il n'est pas encore totalement perdu, ce gamin. Il y a encore une lueur dans ses yeux, une possibilité de rédemption. Il y a un baby-foot dans la salle commune, il se met d'un côté, je me mets de l'autre. On joue quelques minutes, on parle, de tout, de rien. Un moment simple, humain. Une photo fuite. Et le RN dit : « Mais… il fait du baby-foot avec un voyou. Voilà comment il traite les délinquants. » Il fallait que je fasse quoi ? Que je lui donne des coups de pied, que je le frappe ? Tout ça, c'est de la petite poloche de bas étage.

Dans un monde idéal, j'aurais aimé pouvoir dire : « Oui, j'ai joué au baby-foot avec un gamin paumé. Oui, j'ai tenté de lui parler d'homme à homme, pas de ministre à délinquant. Et si ce moment lui donne un peu d'espoir, un peu de confiance en l'avenir, un peu de respect pour les institutions, alors j'ai bien fait mon travail. » Mais nous ne sommes pas dans un monde idéal. Nous sommes dans un monde où la complexité est suspecte, où la nuance est une faiblesse, où l'humanité est perçue comme de la complaisance.

Donc vous estimez avoir plaidé, comme avocat et comme ministre, pour des prisons plus dignes et cela ne fait pas pour autant de vous « le ministre des Détenus » ?

Oui, et je ne vais pas rougir de ça. Depuis l'arrivée d'Emmanuel Macron à l'Élysée, on a consacré des budgets trois fois supérieurs à ceux sous la présidence de François Hollande à la réfection des établissements pénitentiaires. Une douche par cellule, moi ça me semblait la moindre des choses, et on a fait beaucoup de choses dans ce sens-là. Je n'aurai jamais honte de cela, au contraire, j'en suis fier.

Et la première charte qu'on signe, c'est une trentaine de mesures avec toutes les organisations syndicales, ce qui est quand même exceptionnel. Des mesures concrètes pour lutter contre les trafics, les violences, la corruption. Et aussi des mesures pour améliorer les conditions de travail des surveillants, leur formation, leur équipement. Car on ne peut pas exiger la rigueur sans donner les moyens de l'appliquer.

Aujourd'hui, Gérald Darmanin souhaite mettre tous les prisonniers dangereux liés au narcotrafic ensemble ; un premier regroupement a eu lieu dès cet été. Ça vous paraît être une évidence ?

Je rappelle qu'historiquement, il y avait autrefois des quartiers de haute sécurité et qu'ils ont été démantelés. Donc, les évidences d'un temps ne sont pas les évidences d'un autre moment. Ces fameux QHS, créés après les grandes mutineries de 1974, ont été supprimés en 1982 par Robert Badinter. Pourquoi ? Parce qu'ils étaient devenus des lieux de non-droit, des zones de violence extrême, des machines à broyer des hommes déjà brisés. Badinter, ce grand humaniste que j'admire profondément, avait compris que mettre ensemble tous les détenus les plus dangereux, c'était créer des bombes à retardement, des lieux où la violence ne pouvait que s'amplifier, où la haine ne pouvait que croître.

Par ailleurs les priver, par exemple, d'unité de vie familiale, ou de réductions de peines, je ne suis pas bien certain que ça ne soit pas attentatoire aux libertés individuelles… Car même les pires criminels conservent certains droits fondamentaux. C'est ce qui distingue un État de droit d'un État totalitaire. En politique, on veut des solutions simples, voire simplistes. « Mettez-les tous ensemble et jetez la clé ! » C'est ce qu'on entend. Mais la réalité est bien plus complexe. Que fait-on quand ces hommes sortent de prison ? Car un jour ils sortent, c'est une réalité. Sauf perpétuité réelle, tous les détenus finissent par sortir. Et s'ils sortent plus violents, plus radicalisés, plus dangereux qu'ils ne l'étaient en entrant, qu'avons-nous gagné ?

Ministre des Détenus ? Peut-être. Mais surtout ministre de la Justice, gardien d'une certaine idée de l'État de droit et de la dignité humaine. Mais ça, aujourd'hui, ça ne s'imprime pas sur un tract électoral…

II.

DANS LA FOSSE AUX LIONS

– 1 –

La guerre est déclarée

Ça n'a pas traîné. Quelques minutes après votre nomination comme garde des Sceaux, l'Union syndicale des magistrats dénonce « une déclaration de guerre ». La présidente de ce syndicat qui est majoritaire vous accuse, je cite, de « détester les magistrats », de les « insulter ». Vous payez le prix de vos prises de parole en tant qu'avocat. Pensez-vous être allé trop loin dans vos mises en cause de la magistrature ?

Mais depuis quand un syndicat choisit-il son ministre ? Où a-t-on déjà vu ça ? C'est le président de la République et le Premier ministre qui nomment les membres du Gouvernement, pas l'Union syndicale des magistrats. Et pour couronner le tout, l'Union syndicale des magistrats et les autres syndicats vont me traîner en justice ! En effet, quelques mois après ma nomination, les magistrates Katia Dubreuil (du Syndicat de la magistrature) et Céline Parisot (de l'Union syndicale des magistrats) déposent plainte contre moi, leur ministre, pour prise illégale d'intérêts. L'hostilité était palpable dès le premier jour. À vrai dire, je m'y attendais. Je savais que ma nomination ne ferait pas plaisir à certains. Comme avocat, j'avais choisi de dire les choses. C'était mon style, ma patte.

Ces deux syndicalistes vont aller très loin dans le ridicule. L'une de leurs théories est que le président de la République m'a nommé à ce poste pour arranger les affaires judiciaires de Nicolas Sarkozy. Notons d'abord que c'est manifester peu de considération pour leurs collègues magistrats ayant eu en charge les dossiers de l'ancien Président. Dans leur délire, elles vont exhumer un article de *Paris Match* publié très peu de temps après ma nomination dans lequel mon ami Thierry Herzog, l'avocat de Nicolas Sarkozy, dit un certain nombre de choses agréables à mon propos. Elles croient là tenir la preuve que cet article de *Match* est destiné à impressionner les magistrats qui vont ultérieurement juger l'affaire dans laquelle Nicolas Sarkozy et Thierry Herzog seront jugés. Encore un bel hommage rendu à leurs collègues. Mais rien ne les arrête. Katia Dubreuil, Céline Parisot et les représentants de l'association Anticor vont diffuser un dessin animé débile qui explique que ma nomination n'a qu'un but : sauver

Nicolas Sarkozy! De vous à moi, cette mission a été parfaitement réussie – permettez-moi d'en rire. Mais elles vont faire encore mieux. Elles vont écrire à Didier Reynders, commissaire européen en charge de la justice, pour lui expliquer que la justice française n'est pas indépendante, que je suis aux manettes du ministère pour sauver l'ancien président de la République. Didier Reynders ne leur répondra pas. Elles vont alors saisir Ursula von der Leyen, présidente de la Commission européenne, pour récuser Didier Reynders au motif qu'il aurait jadis été décoré par Nicolas Sarkozy. Cela m'a donc contraint à quelques recherches. J'ai fait établir la liste de tous les magistrats qui avaient été décorés sous la présidence de Nicolas Sarkozy. C'est ainsi que j'ai découvert que des membres de la Cour de justice de la République avaient été décorés. Plus particulièrement le dénommé Philippe Lagauche qui mènera contre moi l'accusation au côté de Rémy Heitz, le nouveau procureur général de la Cour de cassation.

Quand Emmanuel Macron vous nomme, il le fait en connaissance de cause. Il sait que ça ne va pas faire plaisir aux magistrats…

Je n'ai pas parlé avec le président de la République de l'image que j'avais au sein de la magistrature.

Mais vous pouvez comprendre que ça a pu heurter certaines susceptibilités ?

Évidemment, ça a pu heurter. Mais je pense sincèrement qu'il vaut mieux dire les choses que de les taire. Par le passé, quand j'évoquais les « petits juges », je précisais toujours que s'il y en avait des petits, c'était parce qu'il en existait des grands. Ainsi, on ne peut pas parler « des » magistrats, comme on ne peut pas parler « des » journalistes ou « des » avocats. Il y a des très bons et des très mauvais dans chaque profession. Est-ce que je suis allé trop loin ? Non. Est-ce que ça valait une déclaration de guerre ? Certainement pas.

Oui, mais le corps de la magistrature s'est resserré contre vous…

Mais c'est normal, car tous les corps sont corporatistes. Nier son corporatisme, c'est nier son propre corps, après tout. La tribune des 3 000 magistrats de novembre 2021 a cristallisé cette guerre ouverte.

Cette tribune est l'expression d'une défiance personnelle ou de quelque chose de plus généralisé ?

Cette tribune est partie du suicide d'une jeune magistrate survenu en août 2021. Elle revenait de congé maladie après une première tentative de suicide. À son retour, personne n'a vérifié si elle était apte à reprendre, alors que c'était le rôle de son chef hiérarchique. J'ai ordonné une enquête que je n'ai pas rendue publique pour des raisons personnelles dont je ne peux pas divulguer les résultats par respect pour sa vie privée. Il y avait des problèmes personnels importants qui ont contribué à son geste. Peut-être le travail a-t-il joué aussi, je ne le nie pas. Quand je suis invité à l'ENM après la tribune, j'entends une future magistrate, qui n'a pas encore travaillé une heure dans sa vie, mais qui est déjà syndiquée et qui a signé la tribune, me demander : « Pourquoi vous ne parlez pas de souffrance au travail ? » Je lui ai répondu : « Pardon, mais que diriez-vous d'une caissière d'Auchan qui gagne le SMIC ? » Quand la tribune sort, toute la presse me tombe dessus – toujours les mêmes : *Le Monde*, *Libération*... Et par ailleurs si le garde des Sceaux parle de « souffrance au travail » à des étudiants en droit qui rêvent de devenir magistrats, en termes d'attractivité, c'est zéro. J'ai été sauvé par *Le Point* qui a interviewé des centenaires dans le cadre d'un dossier sur le grand âge. Simone Rozès, première présidente de la Cour de cassation, y déclarait simplement à l'adresse des jeunes magistrats : « Commencez à bosser. Je n'aime pas les gens qui se lassent avant d'avoir travaillé. »

Je n'ai jamais prétendu que c'était un métier simple, mais de là à brandir le terme de souffrance au travail… J'ai visité toutes les juridictions de France, j'ai écouté plein de gens, j'ai passé du temps avec les magistrats et les greffiers. Je savais qu'il y avait des difficultés. Il y avait une époque où on manquait même de rames de papier ! Nous avons réglé ces problèmes matériels : refait des tribunaux, construit de nouveaux bâtiments, installé le wi-fi partout. Il faut rappeler qu'il n'y avait pas le wi-fi dans les tribunaux avant ! C'était la préhistoire. Tout ça, nous l'avons amélioré sous la présidence d'Emmanuel Macron.

Quand j'ai nommé l'avocate Nathalie Roret à la tête de l'École nationale de la magistrature, ça a été perçu comme un crime de lèse-majesté. Quand j'ai osé demander pourquoi les enseignants de cette noble institution devaient être exclusivement des magistrats, ça a aussi été très mal pris. Je me souviens d'une visite à l'ENM. Une enseignante procureure s'est levée pour affirmer que seul un procureur est capable d'enseigner à un élève la rédaction d'un réquisitoire. Je lui ai répondu qu'elle avait raison… mais que pour apprendre l'artisanat aux élèves, il vaudrait mieux un plombier qu'un procureur ! Encore une fois mon ironie a été mal perçue. Le plus révélateur de ce corporatisme, c'est ce que m'avaient confié des patrons lors d'une université du MEDEF il y a des années.

J'étais à côté d'Alain Juppé, et cinq ou six patrons étaient venus me voir. Ils m'avaient dit : « Maître, c'est quand même incroyable, on est allé à Bordeaux à l'École nationale de la magistrature, on a été reçus comme des chiens dans un jeu de quilles. Ils avaient de nous une espèce de vision monolithique selon laquelle nous étions tous des voyous. »

Donc le président de la République vous a en quelque sorte nommé pour « dépoussiérer ce monde endogame, et ouvrir un peu les fenêtres » ?

La magistrature est peut-être le corps le plus endogame de France. C'est une réalité sociologique. Il y a une forme d'« encastement », comme je l'appelle. Ainsi, le procureur général près de la Cour de cassation et le premier président sont à la fois les chefs de la Cour de cassation, les chefs de la discipline au Conseil supérieur de la magistrature, et on les retrouve aussi à l'École nationale de la magistrature. Ils sont partout ! Quant au Syndicat de la magistrature, parlons-en.

On y reviendra plus tard dans un chapitre consacré à son procès, mais Marine Le Pen dénonce une main politique dans la magistrature. Vous aussi, vous pointez le fait que les magistrats sont politisés et que c'est un problème ?

Oui, cette politisation, je l'ai totalement dénoncée ! Mais en des termes beaucoup plus nuancés ! Tous les citoyens, et parmi eux tous les magistrats, ont une conscience politique. Pour autant, dire qu'ils sont politisés dans le sens qu'ils ne seraient guidés que par leur conviction politique au mépris du droit est un mensonge. Nous y reviendrons.

Mais pour répondre à votre question, prenez l'un des textes fondateurs du Syndicat de la magistrature, c'est la « harangue de Baudot » qui explique aux futurs syndiqués que le riche a tort et que le pauvre a raison. Le texte va jusqu'à dire qu'on peut parfois s'affranchir de la loi. C'est une monstruosité ! J'ai demandé au CSM quelle était la limite de la liberté d'expression du Syndicat de la magistrature. On m'a répondu qu'elle était presque totale, qu'on pouvait même aller jusqu'à la caricature ! Faut-il s'étonner alors du fameux « mur des cons », où figuraient des gens qui allaient être jugés ? Même M. Escarfail, dont le seul tort était d'être le père d'une jeune femme assassinée par Guy Georges et qui réclamait légitimement justice, s'est retrouvé sur ce mur ! C'est indécent. J'en suis toujours profondément choqué.

Plus récemment, les membres de ce syndicat politisé ont défendu les casseurs de Sainte-Soline au détriment des gendarmes. Entre les deux tours de la Présidentielle de 2022, ils ont parlé d'un « deuxième tour de cauchemar » entre Macron et Le Pen, revendiquant ouvertement leur « Mélenchonisme ». Ils participent à la fête de l'Humanité aux côtés de gens qui prônent la désobéissance civile. Je comprends donc qu'un justiciable puisse avoir la trouille à l'idée d'être jugé par un membre du Syndicat de la magistrature. Quand on est un justiciable et qu'on arrive au tribunal, on peut légitimement s'inquiéter de tomber sur un juge qui appartient à un syndicat aux positions aussi radicales.

Vous dérangiez aussi parce que vous avez essayé de mettre un coup de pied dans la fourmilière !

Certains diront que j'ai essayé de mettre un coup de pied dans la fourmilière pour ce que je considérais être des dysfonctionnements dans le rendu de la justice. D'autres me reprochent au contraire de n'avoir rien changé en quatre ans et deux mois. Mais la baguette magique n'existe pas ! Ces dysfonctionnements existent depuis des dizaines d'années. On ne balaie pas autant de mauvaises habitudes en un claquement de doigts. D'ailleurs, la grande différence entre la vie civile et la vie de ministre, c'est que dans la vie civile, on dit : « il n'y a qu'à, faut qu'on ». Puis on devient ministre et on se rend compte qu'on n'est pas tout seul. Ce que je veux faire, peut-être que le ministre de l'Économie, ou le ministre de l'Enseignement, ou le ministre de l'Intérieur ne sont pas d'accord. Il faut composer. Il y a toujours une forme de frustration dans le travail ministériel, un sentiment de ne pas avoir pu aller au bout des choses.

Mais il faut l'accepter. Par exemple, je souhaitais séparer le siège du parquet. On est l'un des derniers pays en Europe à fonctionner comme ça ! Les choses évoluent petit à petit. Avant, dans la magistrature, quand on évoquait ce changement, c'était pris comme une hérésie absolue. Aujourd'hui, un certain nombre de magistrats souhaitent vivement cette séparation.

Mais pourquoi ne pas l'avoir fait alors ?

Parce que c'était mettre le feu à l'institution, et j'y ai renoncé. Ce n'est pas un renoncement intellectuel, je pense toujours que c'est une réforme nécessaire. Je souhaitais également supprimer l'École nationale de la magistrature, à cause de cet entre-soi. Je ne l'ai pas fait, parce que l'institution n'était pas prête. En revanche, nous avons créé des passerelles pour que d'autres professions viennent enrichir le corps. Le président de la République ne m'a jamais demandé d'appuyer sur le frein pour que ça ne prenne pas feu. J'ai eu beaucoup de discussions avec lui, j'ai préparé plusieurs projets de loi. Quand je présentais un projet, on débattait, on réfléchissait, on décidait ce qu'on gardait ou non. Mais fondamentalement, je n'ai jamais proposé des choses à ce point disruptives que le Président m'ait dit : « Non, il ne faut pas y aller. » C'est de moi-même que j'ai renoncé à certaines réformes. Il ne m'a jamais dit non plus : « Faut pas trop les énerver, les magistrats », ou « Mets un peu d'eau dans ton vin. » Jamais. On ne peut pas me reprocher de n'avoir pas entendu les doléances des magistrats, j'ai conscience de la difficulté du métier, donc j'ai augmenté les magistrats de 1 000 euros par mois en moyenne. J'ai embauché comme jamais aucun garde des Sceaux ne l'avait fait : des magistrats, des greffiers, et 2 000 contractuels (ces assistants nécessaires aux magistrats) dans toutes les juridictions du pays. Le budget de la justice a augmenté de 60 %. Les conditions de travail ne sont plus celles de 2017, et personne ne peut prétendre le contraire. Tout n'est pas réglé, je l'entends. Mais tout n'est pas négatif, loin de là.

D'ailleurs, je connais des tas de magistrats qui ont reconnu mon travail : « Ce que vous avez fait quand même en termes d'embauche, etc., c'est pas mal. » Mais quand l'Union syndicale des magistrats, par la voix de Mme Cécile Mamelin, sa vice-présidente, qualifie de « cacahuètes » le budget alloué à la magistrature, c'est de la mauvaise foi, alors qu'il est en augmentation comme jamais auparavant. Ce n'est que la voix syndicale, car dans la réalité, les chefs de cour et les chefs de juridiction m'ont demandé de pérenniser les contractuels en question, de les garder après un an d'expérience.

Qu'avez-vous accompli face à ce mur corporatiste ?

J'ai permis à des magistrats non syndiqués d'accéder au Conseil supérieur de la magistrature, l'instance chargée de leur carrière et leur discipline, et d'y être élus, alors qu'avant c'était un scrutin de liste. C'est un progrès considérable. J'ai ouvert le corps en créant des passerelles entre différentes professions pour que des avocats, des greffiers, des commissaires de police et d'autres professions du droit puissent plus facilement accéder à la magistrature, qui vivait dans l'entre-soi et le corporatisme. J'ai permis aux justiciables maltraités de saisir plus facilement les instances disciplinaires des magistrats. À l'époque, sur les 2 500 plaintes, aucune n'aboutissait à une sanction. Certes, ces 2 500 plaintes ne signifient pas 2 500 personnes maltraitées – beaucoup racontent n'importe quoi –, mais sur ce nombre, il y avait peut-être 50 personnes qui n'avaient pas été bien traitées par la justice de leur pays.

Quand j'ai nommé une avocate à la tête de l'École nationale de la magistrature, j'ai fait en sorte que les enseignants de l'ENM ne soient plus exclusivement des magistrats, obtenant qu'un quart d'entre eux viennent d'autres horizons. Tout cela, je l'ai réalisé contre une partie de la magistrature et contre les syndicats. Ainsi, je suis le garde des Sceaux qui a le plus saisi le Conseil supérieur de la magistrature. J'ai pris ces décisions collégialement avec ma directrice de cabinet. Nous discutions de chaque situation, de chaque faute disciplinaire. Il y a maintenant, depuis peu, des sanctions qui sont intervenues à la suite de plaintes.

– 2 –

Le garde des Sceaux devant les juges

La guerre va se prolonger par une instruction, et un an après votre nomination, votre bureau va être perquisitionné. Comment vit-on pareil moment quand on est garde des Sceaux ?

Je n'aurais jamais imaginé qu'un jour, mon bureau place Vendôme serait envahi par vingt-deux gendarmes en civil, armes apparentes, arpentant les lieux comme un territoire conquis. Et pourtant, ce 3 juillet 2021, je contemple, médusé, ce spectacle surréaliste. Un serrurier s'attaque à la meuleuse à un vieux coffre-fort dont ni moi ni le secrétariat ministériel ne connaissions l'existence ! Des étincelles jaillissent dans tous les sens, l'odeur âcre du métal brûlé emplit la pièce. Dans le couloir, mes secrétaires sont en larmes, leurs téléphones personnels confisqués.

Je suis garde des Sceaux depuis un an, et mon bureau est perquisitionné dans le cadre d'une instruction pour « prise illégale d'intérêts ». Le visage familier d'une femme se tient devant moi. Elle s'avance et clame avec un formalisme ostentatoire : « Je me présente, Janine Drai, présidente de la commission d'instruction. » Piqué au vif, je lui réponds : « Je vous connais depuis vingt ans. Nos relations ont toujours été très conflictuelles. Souvenez-vous ! »

Face à ce déploiement sécuritaire, j'observe avec une ironie amère que personne n'ouvre mes tiroirs de bureau – geste pourtant élémentaire dans une perquisition. Elle découvre un coffre dont j'ignore l'existence, elle exige les clés, je ne les ai pas, les secrétaires non plus. C'est pourquoi elle fait venir un serrurier.

L'une des magistrates, Mme Schneider, filme mon bureau en toute illégalité. Lorsque je demanderai ultérieurement la saisie de son portable pour connaître le nombre et le nom de ceux avec qui elle a partagé sa vidéo, cette demande sera refusée sans motif valable. Plus tard je la surprendrai même assise à même le sol, le cul par terre, dans le bureau jadis occupé par Danton. Quel justiciable oserait s'asseoir comme ça dans un tribunal ! Cela m'indigne. Elles sont quand même chez leur ministre, qu'elles le veuillent ou non, qu'elles l'acceptent ou pas. Elles me doivent le respect.

Lorsque je désigne deux meubles supportant des presses destinées à poser les sceaux de la Constitution française, suggérant de façon provocatrice qu'on pourrait aussi y trouver des documents, la magistrate me répond sèchement : « Je fais ce que je veux, c'est moi le juge d'instruction. »

C'est long, la perquisition ?

La perquisition a commencé dès neuf heures du matin et s'est prolongée jusqu'à onze heures du soir. À la télévision, les chaînes d'information en continu diffusent en direct les images des enquêteurs entrant place Vendôme. Ma mère, qui comprend difficilement les nuances du français, découvre sur le bandeau de BFMTV que son fils est perquisitionné. Au Québec, ma compagne Isabelle Boulay apprend par la télévision canadienne TVA que « le *chum* d'Isabelle Boulay » est dans la tourmente.

Quand la perquisition s'achève enfin, mon bureau est dans un état de désolation. Un coffre éventré, une moquette brûlée, et ce qui ressemble fort à une humiliation publique orchestrée. Le butin des perquisiteurs tient dans deux billets pour un concert de Céline Dion, qu'ils ne me rendront jamais ! Le ridicule ne tue pas, dit-on…

Cette perquisition spectaculaire révèle, au-delà de mon cas personnel, une problématique plus profonde dans l'équilibre des pouvoirs en France. Avec le recul, je comprends qu'elle illustre la complexité des rapports entre le pouvoir exécutif et l'autorité judiciaire, une relation jamais véritablement définie dans notre Constitution. Cette ambiguïté, voulue par Michel Debré lors de la rédaction de la Constitution de 1958, a créé une zone grise propice aux tensions institutionnelles. Quand un ministre de la Justice se retrouve lui-même justiciable face à des magistrats qu'il est censé diriger administrativement, c'est tout l'édifice républicain qui se trouve ébranlé. Cette situation paradoxale témoigne d'une crise de confiance plus large entre nos institutions, symptôme d'une démocratie en pleine mutation.

Peut-on revenir sur l'affaire qui débouche sur cette perquisition ? Ou plutôt les affaires ? Comment peut-on en arriver à ce qu'un ministre de la Justice soit ainsi inquiété ?

Comment en suis-je arrivé là ? Tout commence par deux dossiers distincts qui vont se conjuguer pour me mettre en difficulté dès ma nomination le 6 juillet 2020.

Le premier concerne un juge d'instruction français nommé Édouard Levrault, en poste à Monaco à cette époque. Lorsque j'étais avocat, j'avais déposé une plainte contre ce magistrat pour violation du secret de l'instruction, au nom d'un commissaire de police français. Ce juge avait participé à une émission de télévision où il évoquait une affaire en cours dont il avait la charge concernant Dmitri Rybolovlev, le propriétaire de l'AS Monaco, en mettant en cause mon client.

Comment une affaire professionnelle ordinaire pour l'avocat que vous étiez devient un problème potentiel quand vous devenez ministre ?

Entre-temps, Monaco n'avait pas renouvelé Levrault dans ses fonctions. Nicole Belloubet, mon prédécesseur, l'avait sommé de s'expliquer sur sa participation à cette émission. Le magistrat avait refusé. Nous avons appris depuis que c'est Céline Parisot elle-même qui a encouragé le juge Levrault à participer à cette émission de télévision, et ils ont, à ce sujet, échangé de nombreux sms. Donc à peine nommé ministre, j'ai hérité de ce dossier en cours. « Qu'est-ce qu'on lui demande, à Levrault ? On lui demande d'aller s'expliquer, ce n'est quand même pas la lune », me disais-je alors. Ce n'est peut-être pas la lune, mais cette affaire va pourtant constituer la première pierre de mon calvaire.

***Le second dossier est plus personnel. En juin 2020, quelques semaines avant votre nomination,* Le Point**

révèle qu'une enquête a été menée dans le plus grand secret par le Parquet national financier (PNF), dans le cadre d'investigations sur une affaire concernant Nicolas Sarkozy et son avocat Thierry Herzog, votre ami de longue date, et le juge Gilbert Azibert. Le PNF a examiné les factures téléphoniques détaillées de plusieurs avocats, dont les vôtres, pourquoi ?

« C'est une barbouzerie », ai-je déclaré publiquement, furieux de cette atteinte au secret professionnel. J'avais alors déposé une plainte contre X. Quelques semaines plus tard, je suis nommé ministre de la Justice. Je me désiste immédiatement de ma plainte, considérant qu'un ministre ne peut pas poursuivre des magistrats qui sont sous son autorité. Mais le dossier du PNF reste en suspens : Nicole Belloubet avait ordonné une « enquête de fonctionnement » qui conclut à un « manque de rigueur », « manque de diligence » et « manque de loyauté » de certains magistrats du PNF.

Dans mon bureau place Vendôme, j'hésite. L'enquête de fonctionnement sur le PNF révèle en effet des manquements de la part de trois magistrats : Éliane Houlette, alors cheffe du PNF, Patrice Amar et Ulrika Delaunay-Weiss. Mais quelle suite donner à ces conclusions ? C'est énorme d'ordonner une enquête administrative contre des membres du PNF ! C'était ma préoccupation.

Vous vouliez ménager votre écosystème en quelque sorte ?

Oui, ne pas faire n'importe quoi. Je n'étais pas embarrassé par mon passé d'avocat – je n'étais plus avocat –, mais par la dimension institutionnelle.

Véronique Malbec, ma directrice de cabinet, magistrate respectée, me propose de consulter François Molins, procureur général près la Cour de cassation, personnalité éminente de la magistrature. « Je vais appeler François », dit-elle. Elle le connaît bien, c'est un ami. Après réflexion, Molins conseille de lancer une enquête administrative, étape qui pourrait éventuellement mener à des poursuites disciplinaires. Je suis cet avis.

Mais quinze jours plus tard, Molins prend publiquement position contre vous dans une tribune publiée dans* Le Monde, *cosignée avec Chantal Arens, première présidente de la Cour de cassation. C'est un coup de théâtre, car il y dénonce un conflit d'intérêts, suggérant que vous instrumentalisez vos fonctions pour régler des comptes personnels ?

Je comprends alors que j'ai été piégé. Celui-là même qui m'avait conseillé cette voie me trahit publiquement. Plus tard, lors de mon procès, Molins niera avoir conseillé l'enquête administrative. Mais un mail qu'il sera contraint de produire prouvera le contraire. Il niera même être venu au ministère, avant d'être confondu par les registres de la Chancellerie qui ont enregistré le numéro d'immatriculation de son véhicule.

Je ne sais pas si dès l'origine il avait pensé à me piéger, mais je suis certain qu'il s'était très vite rendu compte de la façon dont il pouvait exploiter le conseil demandé par Véronique Malbec. Pour moi, il y avait bel et bien là une forme de préméditation.

Face aux parlementaires qui m'interrogeront plus tard lors de mon procès, je serai direct : « Molins avait bien de l'avance sur moi. Comment un homme qui vient rassurer les Français pendant les attentats terroristes pourrait mettre l'institution judiciaire au service de je ne sais quelle chose qui ne serait pas juste ? » Je savais qu'il voulait être garde des Sceaux, même s'il l'a toujours nié.

Et là, la machine s'est vite emballée ?

À peine l'enquête administrative lancée, les syndicats de magistrats déposent plainte, bientôt rejoints par l'association Anticor et La France insoumise. La Cour de justice de la République (CJR) est saisie pour « prise illégale d'intérêts ».

C'est-à-dire ?

Je suis accusé d'avoir utilisé mes fonctions pour satisfaire un intérêt personnel – régler des comptes avec des magistrats qui m'auraient contrarié quand j'étais avocat. Je rétorque que je n'ai fait que suivre la logique administrative entamée par mon prédécesseur et que je n'ai jamais pris aucune décision disciplinaire, m'étant « déporté » au profit du Premier ministre dès qu'un possible conflit d'intérêts a été soulevé par la Haute Autorité pour la transparence de la vie publique.

Mais quand même, n'avez-vous pas péché par manque de prudence ? Le conflit d'intérêts n'était-il pas évident ?

La procédure avait été initiée par Nicole Belloubet, fallait-il que je l'enterre ? Pardon, mais je suis le ministre de la Justice. Je ne fais rien de disciplinaire contre Levrault, je ne me venge pas contre lui. Je me fous de Levrault comme de ma première paire de chaussettes, en réalité. C'est Nicole qui lui demande d'aller s'expliquer. Ce n'est rien d'autre que ça. Il ne veut pas. Il se met lui-même dans cette difficulté. Publiquement, je vais prendre la parole pour dire qu'une enquête administrative n'est pas une poursuite disciplinaire et que je n'ai jamais été mis en situation de saisir le Conseil supérieur de la magistrature. C'est Jean Castex qui le fera. J'ajoute que j'espère qu'il n'y aura rien à lui reprocher et que je serai dans ce cas le ministre le plus heureux du monde.

Pendant trois ans, l'affaire va empoisonner votre ministère. Vous êtes-vous senti « empêché » à cause de cette affaire ?

Imaginez ! Il y a eu 30 000 articles. 30 000 papiers, ça finit par faire une sacrée couche de papier ! Très peu ont respecté ma présomption d'innocence. Une dizaine peut-être. On n'a même pas respecté le verdict quand j'ai été relaxé, d'ailleurs.

Je me déplaçais pour aller inaugurer une prison, un tribunal. Il y avait toujours un type, là, dans ce qu'on appelle le point presse, pour dire : « Vous êtes mis en examen... » Pendant trois ans, on m'a vraiment emmerdé, c'est le terme. On a livré « mon honneur aux chiens », pour reprendre une formule célèbre. Ce sont des petits règlements de compte minables. Pour information, lorsque les trois juges de la Cour de justice de la République ont perquisitionné le ministère, ils étaient accompagnés d'une vingtaine de journalistes qui seront restés massés à la porte dudit ministère.

L'instruction a suivi son cours, alimentée selon moi par un jeu d'intérêts croisés entre certains magistrats et journalistes. Ainsi, la moitié de mon dossier d'instruction est constituée des papiers écrits par les journalistes Gérard Davet, Fabrice Lhomme ou encore Edwy Plenel. Ils ont usé des mêmes méthodes pour Édouard Philippe, Agnès Buzyn ou encore Olivier Véran.

Je vis dans une ambiance de harcèlement. J'ai déposé une plainte pour violation de secret de l'instruction, il n'y a pas eu un acte d'accompli. Pas un. De façon plus anecdotique et tout aussi stupide, j'apprendrai après mon procès que l'une des magistrates composant la Cour de justice de la République a osé demander aux parlementaires composant cette même cour s'ils étaient fans d'Isabelle Boulay. Il ne s'agissait pas là d'une curiosité d'ordre artistique, mais elle suspectait une éventuelle clémence si dans leur playlist avaient figuré des chansons de ma compagne (*rires*).

L'été qui suit la perquisition, votre santé vacille…

Je suis hospitalisé pour des problèmes digestifs dans un hôpital militaire. Le corps parle, mais moi je ne dis rien. Je ne voulais pas qu'on puisse me reprocher de me victimiser. Heureusement, le président de la République et le Premier ministre, Jean Castex, ont été aux petits soins pour moi à ce moment-là.

Donc, il y a eu des moments où ça a failli rompre… Difficile de ne pas faire le lien avec ces problèmes de justice, votre première année place Vendôme et ces pépins de santé…

Ces gens m'ont fait beaucoup de mal. J'ai peut-être la peau dure, un cuir de rhinocéros, mais le rhinocéros, quand on le regarde bien, il a quelques fissures, il est un peu cabossé quand même.

Le 6 novembre 2023, votre procès s'ouvre devant la Cour de justice de la République. Composée de trois magistrats professionnels et de douze parlementaires, cette juridiction d'exception est chargée de juger les ministres pour des infractions commises dans l'exercice de leurs fonctions. Êtes-vous confiant et solide durant ce procès éreintant ?

Dès l'ouverture, le ton est donné. Rémi Heitz, successeur de Molins comme procureur général près la Cour de cassation, demande la parole. Fait sans précédent, il prononce immédiatement un réquisitoire contre moi, un texte écrit qu'il distribuera ensuite à tous les journalistes présents. C'est du jamais-vu ! Je m'indigne : il n'y a pas un justiciable, il n'y a pas un avocat, il n'y a pas un magistrat qui peut dire avoir jamais vu le procureur requérir en début de procès ! Ça se fait à la fin. Je suis sans doute le seul justiciable de France à avoir entendu prononcer deux réquisitoires contre lui dans la même affaire.

Dans la salle d'audience, je remarque la présence de ceux que je considère comme mes persécuteurs : Édouard Levrault, Patrice Amar, et Ulrika Delaunay-Weiss qui « pleure comme une Madeleine » pendant dix jours. À la sortie de l'audience, l'un de mes officiers de sécurité rapportera qu'il l'a entendue se réjouir d'avoir réussi à attendrir la presse dans des termes que je n'oserais même pas répéter.

On vous imagine tourner comme un lion en cage pendant les audiences…

Oui, comme un lion en cage. Quand on me demande quarante fois pourquoi je n'ai pas pris un décret de déport, je finis par répondre à la magistrate avec ironie :

— Le regret que j'ai, c'est de ne pas vous avoir choisie comme directrice de cabinet, je pense que je ne serais pas là.

Je sors parfois de mes gonds, comme lorsque le Président me reproche mon amitié avec Thierry Herzog :

— Vous faites ce que vous voulez avec vos amis, Monsieur le président, c'est votre histoire. Et je fais ce que je veux avec les miens !

Vous devez continuer de travailler pendant le procès. Comment vit-on ça, la charge de travail et les ennuis avec la justice ?

Étonnamment, je continue de travailler entre les audiences. Des parapheurs me sont apportés jusque sur « le banc d'infamie » pour que je les signe. Le président de la République, Emmanuel Macron, refuse que je me mette en retrait le temps du procès, affirmant publiquement que « l'autorité judiciaire n'est pas un pouvoir ».

Donc vous vivez constamment avec l'épée de Damoclès d'une condamnation au-dessus de votre tête ?

Le délibéré prend plusieurs semaines. Je suis persuadé qu'une condamnation signifierait la fin immédiate de ma carrière ministérielle. Si je suis condamné, je sors par la porte de service et l'histoire ne retiendra que ma condamnation. Et j'aurais beau raconter tout ce que je veux, c'est terrible pour moi. Je n'ai que ça en tête : ils vont tout gâcher.

Le 29 novembre 2023, le verdict tombe. Je suis relaxé. La Cour reconnaît l'existence d'un conflit d'intérêts objectif, mais constate l'absence d'intention délictuelle – condition nécessaire pour caractériser l'infraction de prise illégale d'intérêts.

Comment réagissez-vous à l'annonce de la relaxe ? Vous pensez que justice a été faite ?

Je reste impassible. Je ne peux pas leur offrir des larmes, je pense. Mais l'émotion est là, intense. Je sors sans faire de commentaire, laissant mes avocats parler aux médias, et file directement à l'Élysée où le Président m'attend. Dans ma victoire, je reste sobre et digne.

Sur le court chemin entre les Invalides et l'Élysée, j'appelle ma mère, puis ma compagne. Les femmes de ma vie. « C'est fini. J'ai été innocenté », leur ai-je annoncé, soulagé.

C'est une libération. Je pense : « C'est moi qui ai gagné finalement. Vous n'avez pas eu ma peau, c'est ça qui compte, malgré tous vos efforts, malgré tout ce que vous avez mis en place, malgré l'acharnement que vous y avez mis, c'est moi qui ai gagné ! »

Pourtant, la relaxe ne guérit pas toutes mes blessures. Je suis meurtri dans ma chair et mon honneur. Ce qu'ils m'ont fait vivre, ça ne passera jamais. C'est une injustice absolue.

Et puis… aucun des magistrats impliqués n'a été sanctionné, malgré les « fautes déontologiques » relevées par l'inspection ?

Pour Éliane Houlette, l'enquête a conclu qu'elle avait « manqué aux devoirs essentiels de tout magistrat ».

Concernant Patrice Amar, son supérieur, Jean-François Bohnert, l'actuel procureur national financier, a déclaré « qu'il a des idées très arrêtées, que sa démarche consiste à aller vérifier qu'il a raison. C'est un trait de caractère qui peut mettre en danger les dossiers ». Quant à Édouard Levrault, l'inspection a estimé que « dans sa recherche médiatique de réhabilitation personnelle, il a porté atteinte au crédit et à l'image d'impartialité et d'indépendance de la magistrature française ». Pourtant, le Conseil supérieur de la magistrature a considéré que ces manquements n'atteignaient pas « l'intensité suffisante pour caractériser une faute disciplinaire ».

Paradoxalement, Ulrika Delaunay-Weiss, grâce à moi, a décroché la timbale. Je m'explique : ses relations avec sa cheffe, Éliane Houlette, sont catastrophiques. Ulrika Delaunay-Weiss s'estime maltraitée et mal notée par sa cheffe. L'enquête administrative ne va pas relever de faute à son encontre et, d'ailleurs, le Premier ministre ne va pas la renvoyer devant le Conseil supérieur de la magistrature. Ulrika Delaunay-Weiss va contester sa notation devant la juridiction administrative et, pour ce faire, elle va se fonder sur les conclusions de l'enquête administrative que j'ai ordonnée. Résultat des courses : elle va obtenir 30 000 euros de dommages et intérêts. Pire que cela : elle va à nouveau saisir la juridiction administrative au motif que, dans un communiqué de presse, j'ai cité son nom. Chose que Mme Houlette avait faite bien avant moi. Pour cela, elle va toucher 15 000 euros supplémentaires de dommages et intérêts. Je résume avec amertume : grâce à moi, Ulrika Delaunay-Weiss a touché 45 000 euros… C'est surréaliste.

Je ne peux pas leur pardonner de m'avoir causé autant de mal. Je pense qu'ils ont réalisé le pire de ce qu'on peut faire avec l'institution judiciaire. En l'instrumentalisant pour m'abattre. Et dire que certains journalistes n'arrivent toujours pas à accepter cette décision qui m'innocente... Notamment Mediapart. Pour Fabrice Arfi, « la cour de justice de la République est un furoncle démocratique ».

Mais, pour lui, quand le député LFI Paul Vannier interroge avec une scandaleuse partialité le Premier Ministre Francois BAYROU devant la commission d'enquête parlementaire sur l'affaire Bétharram, là, M. Arfi se pâme…

D'une certaine façon, ce que je n'ai pas pu faire avant, je le fais maintenant en écrivant ses lignes et en montant sur scène, avant de passer à autre chose. On ne peut pas, quand on est ministre de la Justice, régler ses comptes avec le procureur général de la Cour de cassation, sauf à démissionner. Mais ça, c'était le cadeau ultime que je leur aurais fait. François Molins écrit d'ailleurs dans son livre que j'aurais dû démissionner. Tiens donc…

Je suis innocenté, mais une partie de la justice ne m'a toujours pas pardonné. Et à la vérité, je ne suis pas certain de pouvoir leur pardonner non plus. Cette cicatrice, je la porterai toujours. À vif.

– 3 –

Le bras d'honneur

Le 10 mars 2023 à l'Assemblée nationale, l'hémicycle est en feu, à cause de votre fameux bras d'honneur… Vous qui respectez tellement les institutions, en avez-vous été vraiment à la hauteur ce jour-là ?

Je suis là, au cœur de l'hémicycle, tendu comme un arc. L'atmosphère est électrique autour de moi. Nous discutons d'un texte sur les violences conjugales qui pourraient être commises par des élus – un sujet grave, important, qui n'a strictement rien à voir avec ma situation personnelle.

C'est à ce moment précis qu'Olivier Marleix, qui est à la tribune, choisit de m'interpeller sur ma mise en examen. Un sujet qui n'a aucun rapport avec nos discussions en cours. Je bouillonne intérieurement.

Ce n'est pas la première fois qu'il me provoque. Je revois son pouce romain dirigé vers le bas, ce geste de mise à mort qu'il m'avait adressé après la condamnation de Nicolas Sarkozy. À l'époque, j'avais simplement dit ce que n'importe quel garde des Sceaux aurait dû déclarer : « Le garde des Sceaux ne peut pas commenter une décision de justice. Il y a des voies de recours. » Et là, bronca des LR. « Ouh », on entend crier partout. Et Marleix qui me fait ce geste, le pouce à l'envers. J'aurais pu me lever à ce moment-là et lui dire : « Mais le geste que vous me faites, c'est scandaleux, » et en rajouter des caisses. Mais j'avais passé outre. Aujourd'hui, quelque chose se brise en moi.

Et là vous faites un bras d'honneur à cet élu ?

Dans un mouvement, presque une pulsion, je fais ce geste qui, j'en conviens, peut offusquer, un geste déplacé. Un « microbras d'honneur », comme me le fera remarquer un ami bâtonnier qui m'appellera dans le week-end pour me dire : « Mais enfin, Éric, vous m'avez déçu. Je vais vous montrer, moi, ce que c'est qu'un bras d'honneur. Vous avez été minimaliste ! »

Et faisant le geste, je dis à Olivier Marleix : « Voilà comment vous avez traité ma présomption d'innocence ». Ces mots exacts sont consignés dans le compte rendu officiel de séance de l'Assemblée nationale. Je ne dis pas : « Tiens, Marleix, prends ce bras d'honneur», ou «Va te faire foutre.» Non. Mon geste n'est pas adressé à l'homme, mais à sa manière de traiter un principe fondamental de notre droit qui est la présomption d'innocence.

L'effet est immédiat. L'hémicycle s'enflamme. Tout le monde en profite, si j'ose dire. Du coin de l'œil, j'aperçois Guillem Gervilla, mon conseiller parlementaire – avant d'être mon directeur de cabinet adjoint – qui s'effondre derrière moi. Je vois son visage se décomposer, littéralement.

Vous avez conscience d'avoir fait une « connerie » ?

Oui, bien sûr. «Pardon si je vous ai blessé», je reprends à l'encontre d'Olivier Marleix, «mais ce n'est pas à vous que le geste s'adresse, c'est à la façon dont vous avez traité ma présomption d'innocence.»

Mais c'est trop tard. Ils en font déjà des caisses, des caisses et encore des caisses. Mon geste, un drame national, relayé, surrelayé. Les députés de La France insoumise s'en emparent : «Vous voyez, vous êtes toujours en train de nous reprocher notre comportement, mais regardez votre ministre qui fait un bras d'honneur!»

La séance se termine tard dans la nuit. Je rentre au ministère avec Guillem, le seul qui est avec moi à cette heure tardive. «Bon, ben voilà...» me dit-il, désemparé. Nous savons tous les deux qu'on ne peut pas faire marche arrière et tout effacer. « Oui, j'ai fait une connerie », j'admets devant lui.

Le téléphone sonne. C'est Élisabeth Borne, la Première ministre…

Ce n'est pas rien, ça la Première ministre qui engueule Éric Dupond-Moretti, c'est comme un élève qui s'est fait prendre en classe et que la maîtresse d'école rappelle à l'ordre ?

La conversation est tendue, difficile. Je comprends sa position : nous sommes en pleine discussion de textes importants, comme le dossier des retraites par exemple. Il ne s'agit pas de fâcher les LR. Elle n'est pas contente, et je la comprends. Tout cela met le feu aux poudres dans un contexte déjà explosif. Notre échange est bref, mais chargé. Je lui propose de démissionner et nous en resterons là… Élisabeth Borne a une très grande qualité : elle dit les choses, elle n'est pas hypocrite, qualité rare dans ce monde…

Et le Président, il vous a sermonné ?

Non… Nous n'avons jamais évoqué cet épisode.

Vous regrettez ce geste ?

Je regrette ce geste, bien sûr. Au début, je défends mon intention, mais quand je vois l'ampleur que ça prend, je me dis : « Mais je n'aurais pas dû, je regrette de l'avoir fait. » Je regrette la polémique, je regrette l'importance que tout ça a pris. Ils ont surinstrumentalisé mon geste. La vérité de mes intentions n'était pas intenable en soi – c'est le caractère délétère de l'image qui l'était. Dans notre société contemporaine dominée par les réseaux sociaux et les images, un micromouvement de quelques secondes peut effacer des heures de travail parlementaire, des mois de réformes. C'est ainsi. La forme l'emporte souvent sur le fond, où un geste malheureux peut faire plus de bruit qu'un discours de fond.

Oui, mais malgré tout, et indépendamment des réseaux sociaux, ce qu'il restera de ce moment, c'est un ministre qui fait un bras d'honneur à un élu !

Je ne suis pas le premier à commettre ce genre d'impair au Parlement, loin de là. Henri Emmanuelli avait fait un doigt d'honneur dans ce même hémicycle. D'autres ont eu des gestes bien plus explicites. Mais ce jour-là, c'était moi, le garde des Sceaux, dans un contexte politique tendu.

Vous n'êtes pas seul dans ces moments, votre équipe, constituée de jeunes conseillers, est là pour vous tempérer, éviter que vous ne montiez dans les tours ?

Ces jeunes – très jeunes même – qui m'entouraient au ministère, quand je les ai connus, aucun n'avait 30 ans. Ils auraient pu être mes petits-enfants. Il y a Guillem Gervilla, mon directeur adjoint de cabinet, Jonas Bayard, parti ensuite à la com' de l'Élysée, et Marie-Agnès Kikano, ma cheffe de cabinet. Sans oublier Véronique Malbec qui alliait l'autorité d'une directrice et la bienveillance d'une cheffe d'équipe. Il y avait quelque chose de maternel chez elle, de très humain. Je crois qu'on s'aimait beaucoup, en réalité. Moi, je voulais avoir des jeunes pour ne pas me laisser entraîner par des pensées de vieux con et rester un peu dans le jeu. Parce qu'évidemment, il y a un certain nombre de choses que je ne maîtrisais pas du tout. Je pense en particulier aux réseaux sociaux. Je me suis résigné à aller sur Twitter, aujourd'hui devenu X, mais seulement parce qu'on m'a dit que c'était vraiment très utile.

Ils avaient compris le bestiau que j'étais et ils faisaient en sorte d'apaiser mes ardeurs. J'ai vingt fois failli appeler tel ou tel journaliste que j'estimais malhonnête. Et on me disait : « Mais ça ne sert à rien. Vous allez remettre une pièce dans la machine. » Alors, je finissais par me calmer. J'avais appris que Pierre Mauroy, pour qui j'ai une très grande admiration, mettait plusieurs jours avant d'envoyer une lettre. Il la rédigeait, il la laissait reposer, il la reprenait, le cas échéant, il la modifiait, puis enfin, il l'envoyait. Ce temps-là est le temps de la sagesse et de l'apaisement. Je me suis plié à cette discipline parce que j'ai écrit quelques billets au vitriol et je pense aujourd'hui que j'ai bien fait de ne pas les envoyer.

Mais ce jour-là, dans l'hémicycle surchauffé, je n'avais pas ma garde rapprochée pour me tempérer. J'étais seul face à la provocation, sans ce temps de recul et d'apaisement dont parle Mauroy. Et voilà, j'ai fait cette connerie, ce « microbras d'honneur » qui a pris des proportions démesurées.

Aujourd'hui encore, lorsque j'y repense, je ressens cette même colère contre l'injustice qui m'a été faite, contre cette manière dont on a politisé un geste réflexe. Mais j'ai appris que dans l'arène politique, chaque faux pas se paie au prix fort, surtout quand on est garde des Sceaux. La justice que l'on défend au quotidien, on doit aussi l'appliquer à soi-même, en acceptant le jugement – parfois sévère – de l'opinion publique.

L'importance qu'a prise cet incident dans le débat public signe une évolution profonde de notre démocratie parlementaire. La théâtralisation croissante des débats à l'Assemblée nationale n'est pas un phénomène isolé. Elle répond à une transformation des attentes citoyennes vis-à-vis du politique, où la forme prend souvent le pas sur le fond dans un contexte médiatique dominé par l'instantanéité. L'hémicycle est devenu progressivement une scène où l'on cherche le « moment viral » plutôt que la délibération de fond.

Cette évolution interroge notre conception même de la représentation politique. Les parlementaires des décennies précédentes ne juraient que par la force des arguments juridiques et techniques ; aujourd'hui, l'émotion et la performance visuelle semblent parfois supplanter le débat rationnel. Mon geste, que je regrette, n'était finalement qu'un symptôme de cette mutation profonde de notre culture démocratique, où l'indignation devient progressivement le mode d'expression politique dominant.

Le 7 juillet dernier, j'ai appris avec stupéfaction la mort d'Olivier Marleix. Au moment d'écrire ces lignes, j'ai une pensée émue pour lui et pour ses proches.

– 4 –

Le couple présidentiel, une loyauté à l'épreuve du temps

« Le Président, il est comment ? » On n'échappe pas à ces questions quand on est ministre.

Emmanuel Macron vaut bien un chapitre, il vaut tellement mieux que la caricature qu'on a faite de lui, et, je le confesse, j'ai toujours de l'admiration pour cet homme. Que les choses soient claires, je le dis aujourd'hui avec un certain détachement, car je n'attends rien de lui. Je ne reconnais pas le Président dans le portrait que l'on dresse souvent de lui. Pas proche des gens, jupitérien. Non. Je sais que si je le critique âprement, nous vendrons plus de livres, comme d'autres anciens ministres l'ont fait… N'oublions jamais que les Français sont régicides… Évidemment, et heureusement, Emmanuel Macron a des défauts, mais ne comptez pas sur moi pour les égrainer.

Dans notre génération, la vôtre comme la mienne, on a toujours eu l'habitude d'avoir des présidents plus âgés que nous, et là, non seulement il est plus jeune que vous, mais vous figurez dans son Gouvernement. Ça n'a jamais été un sujet pour vous ?

Beaucoup m'ont demandé si le fait qu'il soit plus jeune que moi avait été un problème. Franchement, ça n'a jamais été un sujet pour moi. Au début, c'est vrai, il faisait un peu jeunot. Mais il a un peu blanchi sous le harnais, notre président. Les photos du début, ce ne sont pas les photos d'aujourd'hui. Il a 49 ans. Il ne pourrait pas être mon fils, mais pas loin, quand même. Il aurait fallu que je sois très précoce ! Mais l'âge n'a jamais été un sujet. D'abord à cause de la fonction présidentielle, mais pas seulement.

En quoi vous a-t-il bluffé ?

Je me souviens notamment d'un Conseil de défense particulièrement tendu au plus fort de la crise sanitaire. Nous étions tous épuisés après des semaines de gestion de crise, et il a fallu prendre une décision difficile sur les restrictions. J'ai été frappé par sa capacité à synthétiser en quelques minutes les différentes options, leurs implications juridiques et sanitaires, avant de trancher avec une clarté qui a mis tout le monde d'accord. Cette faculté à démêler la complexité, c'est ce qui m'impressionne le plus chez lui.

Quand il prend la parole au Conseil des ministres, il est toujours précis. Il a une connaissance encyclopédique des dossiers. Franchement, l'âge, on l'oublie très vite. Cela étant, on peut ne pas partager toutes ses idées, on peut ne pas aimer ses choix, mais la réalité, c'est quand même celle-là.

Avez-vous mis de l'affectif dans votre relation avec le Président ?

Ma relation avec Emmanuel Macron n'est pas seulement professionnelle. Quand le Président affirme par exemple : « Bon d'accord, je vous appelle ce soir. » En réalité, il appelle après minuit et, pour le faire rire, je lui réponds : « Non, mais attendez, c'est le matin, là, Monsieur le Président, ce n'est pas le soir. » Il ne dort que 2 h 30 par nuit, il pense que tout le monde est calqué sur le même modèle.

J'ai toujours eu des convictions fortes en tant qu'avocat, puis en tant que ministre. Sur certains sujets, ces convictions n'étaient pas partagées par tous, pas même par le chef du Gouvernement, Gabriel Attal par exemple. Sur la question de la politique pénale des mineurs, nous avons eu des discussions animées. Il préconisait une approche plus ferme quand je défendais des solutions alternatives à l'incarcération. Quand j'avais des réserves à exprimer, je les partageais directement avec le Président. Sur ce point, je ne dirais pas ce que le président de la République me répondait, parce que ça l'engage, lui. Mais je peux témoigner qu'il écoutait véritablement, pesait les arguments, même quand ils allaient à l'encontre de sa première intuition.

À vous écouter, Emmanuel Macron n'a aucun défaut !

Il a le dos large ! Si l'on veut être juste, le président de la République, de par sa fonction, cristallise tous les ressentiments, et, *de facto*, il se retrouve responsable de tout ce qui ne va pas.

Deux exemples. Lors d'un Conseil des ministres où il évoque la fin de l'abondance énergétique, le Président se retrouve immédiatement contesté par Philippe Martinez, alors secrétaire général de la CGT. Avant même la fin du Conseil, le syndicaliste l'interpelle publiquement dans les médias en lui demandant : « Où avez-vous vu de l'abondance ? Connaissez-vous le portefeuille des ouvriers ? » Le Président faisait référence à la fin de l'abondance du pétrole et du gaz russe, Martinez l'a interprété ou repris comme une déclaration sur le niveau de vie des travailleurs français… Autre exemple, quand il parle de traverser la rue pour trouver du travail, j'aurais pu dire la même chose à mon fils, comme 80 % de nos compatriotes. On lui reproche la forme, il est alors d'une insupportable arrogance.

À l'inverse, quand récemment il explique que beaucoup de médias ne traitent la justice que sous l'angle du fait divers, et qu'il parle de *brainwashing*, il est trop « techno ». Quand il parle comme Monsieur Tout-le-Monde, ça ne va pas, mais s'il parle comme l'ancien énarque qu'il est, ça ne va pas non plus. Pour ma part, je préfère quand il parle comme Monsieur Tout-le-Monde plutôt qu'en technocrate. Je suis donc comme tous les autres ! Peut-on échapper à cela ? C'est toute la question.

Pendant toute la durée de « l'affaire » qui vous mettait sous le coup d'une décision de justice, vous a-t-il toujours apporté son soutien ? N'a-t-il pas été tenté de vous écarter à cause de cela ?

Beaucoup se sont demandé si cette affaire avait entravé mon action de ministre. Non, jamais. J'ai été soutenu par le président de la République. Il a été totalement respectueux de ma présomption d'innocence. Cela a d'ailleurs généré son lot de polémiques. Certains brandissaient pour m'abattre la jurisprudence Balladur, selon laquelle un ministre mis en cause dans une affaire judiciaire peut être contraint de quitter ses fonctions. Le président de la

République savait parfaitement, et depuis le début, qu'on me mettait en examen pour des actes administratifs. Et que ceux qui devaient m'avertir d'une éventuelle difficulté n'avaient pas fait leur travail, notamment la Haute Autorité pour la transparence de la vie publique. Ce dont Jean Castex viendra témoigner lors de mon procès.

Ce n'est pas la même chose d'être mis en examen pour cette raison, même si cela porte un vilain nom, « prise illégale d'intérêts » – dans l'esprit de certains, tout ce que ça peut comporter comme fantasme – que d'être mis en examen pour meurtre. Un type qui est mis en examen pour meurtre peut difficilement rester ministre de la Justice. Pourtant, il est présumé innocent aussi. Moi, personne ne pourra dire, et personne ne l'a dit, que cette procédure m'a entravé d'une quelconque façon dans ce que je voulais entreprendre. Personne. Et en aucun cas Emmanuel Macron.

Cette loyauté vous honore certainement, mais ne vous aveugle-t-elle pas ? N'en faites-vous pas un peu trop ?

À deux ans de la fin de son second mandat, je vois des rats quitter le navire, oubliant même, pour certains d'entre eux, qu'ils doivent tout à Emmanuel Macron. Mais pour vous répondre sur le fond :

évidemment qu'un certain nombre de choses qui avaient été promises n'ont pas été faites. Et donc, après huit ans d'exercice du pouvoir, certains s'adressent au Président en lui reprochant de ne pas avoir tenu ses promesses… Moi, il m'arrive de me dire dans la même journée que je vais repasser mes chemises, laver ma voiture et cirer mes chaussures. À la fin de la journée, j'ai atteint deux de mes objectifs sur trois parce que c'est la vie, parce que j'ai des coups de fil, et parce qu'on est tous comme ça. Personne n'échappe à cette règle… À la fin de la journée, un ami me dira que c'est formidable d'avoir déjà fait deux choses sur les trois ; un ennemi, que j'ai été incapable de faire la troisième. Par exemple, sur le programme pénitentiaire et les 15 000 places voulues par le président de la République, on ne dit pas que 5 000 sont construites, et que 5 000 sont en cours de construction. On dit qu'il en manque 5 000 et peu importent les raisons objectives qui expliquent le retard. La *punchline* est, hélas ! bien plus efficace que la difficulté de la réalité.

Ne pas faire de promesses que l'on ne peut pas tenir, c'est quand même le minimum de ce qu'on peut demander à un président de la République ?

C'est une vision simpliste. En 2017, qui avait envisagé la crise des Gilets jaunes à venir ? Qui avait envisagé la Covid ? La guerre en Ukraine ? En quoi serait-il l'inventeur du mécontentement ? François Hollande n'a même pas osé se représenter, Nicolas Sarkozy a été battu à la primaire de son propre parti tant il était devenu impopulaire. Emmanuel Macron a hérité d'une Cocotte-Minute au bord de l'implosion.

Certes, mais il a été élu sur des promesses visant justement à faire redescendre cette pression. Et les Gilets jaunes, par exemple, ont considéré qu'elles n'avaient pas été tenues.

Emmanuel Macron n'a pas de baguette magique, on demande trop et trop vite aux politiques… Les réseaux sociaux pourraient être un merveilleux outil démocratique, au lieu de cela ce sont souvent des poubelles à ciel ouvert qui font beaucoup de mal à notre démocratie.

Quatre ans après, le fait de l'avoir suivi, lui et ce qu'il représentait, d'avoir associé votre image à la sienne, vous recommenceriez ?

Oui ! Même si, bien sûr, tout n'a pas été parfait.

On y reviendra dans un chapitre consacré à la montée de l'extrême droite en France, mais Emmanuel Macron a pour l'opinion publique sa part de responsabilité dans cette vague et dans les crises que traverse notre société, vous ne pouvez pas le nier ?

On critique abondamment le macronisme, comme si Emmanuel Macron, arrivé au pouvoir en 2017, avait précipité une dégradation générale et cristallisait désormais toutes les indignations collectives. En réalité, il est également le réceptacle de mécontentements bien plus anciens : qu'il s'agisse du délabrement de l'institution judiciaire – dont Jean-Jacques Urvoas, l'un de mes prédécesseurs a dit qu'elle était « clochardisée » –, des problématiques agricoles persistantes ou de la crise de l'hôpital public. Le numerus clausus, à l'origine de la pénurie de médecins que nous connaissons, n'est nullement imputable à Macron. Lorsque nous évoquons la nécessité de réaliser des économies en prolongeant modestement la vie active après 62 ans, alors que l'Italie, l'Espagne, le Portugal, l'Allemagne et la Suisse ont tous adopté un âge de départ à 67 ans, surgissent clameurs et manifestations.

Je me souviens d'une réunion de crise pendant les manifestations contre la réforme des retraites. Le Président était confronté à des données économiques alarmantes et à une contestation sociale majeure.

J'ai été témoin de sa frustration, mais aussi de sa détermination à expliquer inlassablement les enjeux. « On ne peut pas continuer à promettre ce qu'on ne pourra plus financer », m'avait-il dit ce jour-là, loin des caméras. Cette phrase résume bien le courage politique nécessaire pour affronter certaines réalités inconfortables.

Est-ce véritablement la responsabilité d'Emmanuel Macron ? Quelle est notre réelle marge de manœuvre ? Entre les idées théoriques et leur mise en œuvre concrète s'étend un gouffre considérable. Dès lors qu'on s'exprime avec franchise, on s'expose aux invectives. La gouvernance contemporaine s'avère particulièrement délicate. J'en reviens à cette constatation : les réseaux sociaux constituent aujourd'hui non pas une force d'inertie, mais un vecteur d'emballement et de dénigrement systématique. C'est précisément cela qui complexifie considérablement la situation.

Très clairement, je l'ai dit en préambule à ce chapitre, j'admirais et j'admire toujours Emmanuel Macron. Je constate d'ailleurs avec amusement que le seul qui conteste réellement ses qualités intellectuelles, c'est le philosophe de Vincent Bolloré : M. Michel Onfray. Sous le regard admiratif de Laurence Ferrari, il prétend régulièrement qu'Emmanuel Macron est intellectuellement déficient et, au passage, il le fait avec une condescendance et un souverain mépris. S'agissant de moi, il feint en permanence de ne pas se souvenir de mon nom… « L'autre là, l'ancien garde des Sceaux, il s'appelle comment déjà ? »

Ma loyauté envers Emmanuel Macron n'est pas aveugle. Elle naît d'une admiration sincère pour ses qualités intellectuelles et humaines, et s'est renforcée par sa fidélité à mon égard dans les moments difficiles. Ce n'est pas une question d'âge ou de hiérarchie, mais une question de respect mutuel et de confiance partagée. Une confiance qui a su résister aux épreuves, et qui continue de guider ma relation avec lui.

Quelle a été votre relation avec Brigitte Macron pendant ces quatre ans et deux mois ? Parce que ce n'est un secret pour personne, elle a un rôle important…

Les Macron ont été victimes de nombreuses calomnies. Emmanuel a fait l'objet de rumeurs infondées concernant son orientation sexuelle, notamment une prétendue relation avec Mathieu Gallet. Brigitte a subi des attaques particulièrement dégradantes, certains allant jusqu'à remettre en question son identité de genre. Une pseudo-journaliste ex-Gilet jaune et une médium ont propagé la rumeur folle selon laquelle Brigitte Macron serait un homme. Selon ces deux énergumènes, elle serait son propre frère. Elle ne serait pas la mère mais le père de ses enfants. Et tous les actes d'état civil auraient été falsifiés… Une dinguerie qui aurait dû finir dans le caniveau, c'était la seule place de cette rumeur !

Mais certains ont vu l'opportunité de nuire au Président, comme à l'époque de Georges Pompidou, en salissant sa femme. On retrouve à la manœuvre de la diffusion de ces saloperies un dénommé Xavier Poussard, rédacteur en chef d'une feuille de chou d'extrême droite intitulée *Faits & documents*, rachetée par Alain Soral, l'antisémite violent, ancien membre du FN, par l'entremise de deux autres personnages bien connus de la fachosphère Axel Loustau et Frédéric Chatillon. Poussard a même exporté cette rumeur aux États-Unis en la transmettant à une complotiste américaine, Candace Owens, qui est convaincue que la terre est plate – et qui a 7 millions d'abonnés sur ses réseaux. Elle a propagé cette fake news à l'échelle mondiale. Figurez-vous qu'elle est pro-Le Pen et proche de Marion Maréchal qui l'a fait venir en France en septembre 2019 lors d'une « convention » de l'extrême droite ; elles ont fait ensemble le pèlerinage de Chartres. Le couple Macron a attaqué en diffamation Candace Owens cet été. Ses avocats américains, qui ont le droit (contrairement en France) de conduire des investigations, ont documenté cette proximité avec ces figures de l'extrême droite française. Au mois de juillet, quand j'ai été amené dans les médias à commenter cette affaire, la complotiste américaine m'a traité de pédophile. Elle établit un lien entre l'affaire d'Outreau, ville du Pas-de-Calais, et Le Touquet, également dans le Pas-de-Calais, où les Macron ont une maison. C'est dire le niveau !

Le couple Macron a résisté à tant de rumeurs et d'accusations les plus loufoques les unes que les autres. Pour ma part, j'ai une relation privilégiée avec Brigitte. Je ne tutoie pas le président de la République, mais je tutoie Brigitte.

Elle incarne d'une certaine manière l'épaule des victimes. Dans les affaires judiciaires, que vous n'avez pas eues à traiter, mais qui sont intervenues sous votre ministère, vous a-t-elle déjà appelé pour vous sensibiliser à des sujets dont elle a été le réceptacle ?

Avec elle, nous avons eu beaucoup de conversations sur la procédure, les mécanismes judiciaires, mais à aucun moment elle n'a cherché à s'immiscer dans une affaire en particulier, dont la justice aurait été saisie, jamais. De toute façon Brigitte sait parfaitement que le garde des Sceaux ne peut pas intervenir dans les affaires en cours.

Quel est vraiment son rôle ? Est-elle aussi investie qu'on le dit ?

Je pense qu'elle est extrêmement investie dans les fonctions non officielles qui sont les siennes. L'opinion publique a tendance à minimiser ce que cela représente concrètement comme charge de travail. C'est titanesque. Elle travaille beaucoup, elle s'occupe entre autres de l'opération Pièces jaunes et de nombreuses causes humanitaires. Ainsi, nous avons travaillé ensemble sur plusieurs projets. L'un d'eux me tient particulièrement à cœur : les chiens d'assistance judiciaire. C'est un dispositif qu'on avait mis en place il y a très longtemps aux États-Unis et qui a été repris ici par l'ancien procureur de Cahors.

Le 10 février 2023, nous avons signé une convention nationale avec l'association Handi'chiens, la SPA et la fédération France Victimes afin de généraliser la présence de chiens d'assistance judiciaire en juridiction. On dresse des chiens qui servent de « doudou » pour les petits enfants qui ont été violés et qui sont complètement murés dans le silence. Quand le chien arrive et qu'il vient lover sa tête dans les bras du petit, souvent, ça déclenche une espèce d'assurance ou de réassurance. L'enfant arrive alors à lâcher un certain nombre de choses douloureuses qu'il ne voulait pas ou n'arrivait pas à dire. Je me souviens précisément d'une visite avec Brigitte dans une juridiction du Nord. Un enfant de huit ans, victime d'abus, n'avait pas prononcé un mot depuis des semaines. L'arrivée du chien d'assistance a complètement transformé l'atmosphère. En moins d'une heure, l'enfant caressait l'animal et commençait à chuchoter. L'officier de police judiciaire nous a confié : « Moi, je ne peux plus me passer de ces chiens. » Et la juge d'instruction a affirmé la même chose. Ce moment reste gravé dans ma mémoire comme la preuve concrète que les réformes les plus simples sont parfois les plus efficaces. Brigitte m'a accompagné et c'était formidable parce qu'elle a donné, du fait de sa présence, beaucoup d'éclat à cette présentation des chiens d'assistants judiciaires.

De la même façon, le 9 septembre 2022, je me suis rendu à Marseille avec elle pour inaugurer un autre projet qui me tenait particulièrement à cœur : la nouvelle Unité d'accueil pédiatrique Enfance en danger (UAPED) à l'hôpital de la Timone. Ce lieu représente une avancée majeure pour la protection de nos enfants les plus vulnérables. En franchissant les portes de cette unité, j'ai été immédiatement frappé par l'intelligence de son organisation : tout est pensé pour que les enfants victimes ne revivent pas leur traumatisme à travers de multiples interrogatoires. Dans ces salles spécialement aménagées, les petits peuvent désormais s'exprimer une seule fois, dans un cadre rassurant, entourés d'experts formés pour recueillir leur parole avec délicatesse. Les enregistrements réalisés permettent ensuite aux enquêteurs d'avoir accès à ces témoignages sans multiplier les auditions.

J'ai pu échanger avec le Pr Chabrol, de l'hôpital de la Timone, qui m'a expliqué comment, avant cette initiative, les enfants devaient se rendre dans un commissariat, un environnement parfois intimidant qui pouvait amplifier leur détresse. Au-delà de l'aspect judiciaire, cette unité offre une prise en charge globale – médicale, psychologique, sociale – sans rupture dans le parcours de soins. C'était émouvant de voir tous ces professionnels dévoués œuvrer ensemble, chacun apportant son expertise pour protéger ces jeunes vies fragilisées. Avec Brigitte, nous avons tenu à leur rendre un hommage appuyé, car leur engagement incarne ce que la République a de plus noble : la protection des plus vulnérables d'entre nous.

– 5 –

« Éric, qu'as-tu fait de ta robe ? »

En février 2021, vous êtes critiqué pour avoir généralisé les cours criminelles départementales en supprimant le jury populaire pour juger certains crimes. Pour vos adversaires, cela porte atteinte aux principes fondamentaux de la justice pénale. Votre ancien confrère Frank Berton qui, je cite, « ne partage pas ce que vous faites et surtout ne faites pas », se demande « si vous n'avez pas oublié d'où vous venez ». Il vous pose cette question cinglante dans le Midi Libre[3] *: « Éric qu'as-tu fait de ta robe ? » Comment avez-vous reçu cette attaque ?*

La question claque comme un coup de fouet. Frank Berton me reproche d'avoir trahi mon premier métier. Deux mois plus tard, il réitère ses critiques au moment où je présente à l'Assemblée nationale

3. In le *Midi Libre*, édition du 21 février 2021.

mon projet de loi « pour la confiance dans l'institution judiciaire ». Il m'accuse ouvertement de cracher sur ma robe, il me calomnie en place de Grève en me renommant « Destructor » dans la presse, en lieu et place du surnom d'« Acquitator » qui m'avait longtemps défini au barreau.

Ce n'est pourtant pas n'importe qui, Frank Berton. Vous vous connaissiez bien…

Cette interpellation publique me frappe en plein cœur, plus qu'un reproche, je la prends comme une trahison. Il nuance quelque peu ses attaques en affirmant qu'il a beaucoup d'affection et de respect pour moi, tout en assénant : « On se demande s'il n'a pas oublié d'où il vient ! »

Ce n'est pas qu'une simple critique professionnelle. C'est une mise en cause publique de mon intégrité, de ma cohérence. Une façon de suggérer que j'ai renié mes convictions en acceptant le maroquin place Vendôme. Que j'ai trahi l'avocat que j'étais pour devenir un ministre comme les autres.

Je n'ai pas goûté cette façon de faire. Je ne me serais jamais permis de le faire à sa place. Lui, il se fait un coup de publicité. C'est évident.

Mais reconnaissez que la question se pose : Qu'est-ce que ça veut dire, rester avocat quand on devient ministre ?

Cette question, je me la suis posée dès ma nomination. Qu'est-ce que ça veut dire, rester avocat ? Bien sûr, c'est le métal dans lequel j'ai été forgé. Mais être ministre, c'est autre chose. C'est un changement de rôle, un changement de perspective. Le dossier des cours criminelles départementales illustre parfaitement ce dilemme. Quand j'étais avocat, j'avais critiqué ce dispositif, lancé à titre expérimental par Nicole Belloubet. Je craignais que ce ne soit la fin de la cour d'assises traditionnelle. « On efface le peuple du processus judiciaire », voilà ce que nous disions alors.

Quand je suis arrivé place Vendôme, l'expérimentation était en cours. Avant de trancher, j'ai attendu le rapport parlementaire. Il a été conduit par deux avocats : Antoine Savignat, un Républicain, et Stéphane Mazars, un macroniste. Les deux avaient manifesté les mêmes réticences que moi dans un premier temps.

Et pourtant, le rapport qu'ils m'ont remis montrait autre chose. Il disait que ça fonctionnait. Que ça évitait les correctionnalisations dont se plaignaient les victimes de viol. Que le taux d'appels était inférieur. Que les procédures étaient plus rapides.

Donc vous avez choisi le pragmatisme contre vos convictions d'avocat ?

Alors que faire ? Rester l'avocat jusqu'au bout des ongles, jusqu'à la déraison d'une certaine façon ? ou être le ministre chargé de l'intérêt général et dire : « Si ça marche bien, s'il y a des avantages, il n'y a aucune raison qu'on le supprime » ?

Au-delà des mots de Frank Berton, ce que peut se dire le lecteur, c'est que vous avez du mal à accepter qu'on remette en cause vos choix ?

Non, mais j'ai été surpris qu'il réagisse ainsi, lui qui aurait dû savoir que dans les affaires de viol, les juges des cours criminelles départementales sont souvent plus nuancés que le jury populaire. Et si on n'est pas satisfait d'une décision, on peut toujours faire appel et se retrouver devant la cour d'assises classique. Très peu le font, d'ailleurs.

Et ce que Berton ne disait pas non plus, c'est que j'avais mené d'autres réformes, dans l'intérêt même des accusés. Quand je suis arrivé au ministère, on pouvait condamner un homme aux assises sans avoir une majorité de jurés. C'était une réforme qui datait de l'époque de Nicolas Sarkozy.

Je me suis dit que ça n'avait pas de sens d'appeler ça la souveraineté populaire si le peuple n'avait pas la majorité. J'ai donc exigé que désormais, il fallait une majorité de jurés pour envisager une culpabilité.

D'accord. Et ça, c'est fait ?

Bien sûr que c'est fait. Mais ce que les journaux ont préféré retenir, ce sont les rodomontades de Berton.

Vous ressentez une forme d'injustice concernant votre bilan ? Certains changements importants ont-ils été passés sous silence ?

Avant, de façon systématique, un accusé qui avait fait, disons, deux ans et demi d'emprisonnement préventif et qui était condamné à trois ans retournait automatiquement en prison pour le reliquat. C'était absurde. Imaginez : cet homme sort de détention provisoire, retrouve un travail, refonde une famille – parce que la justice est lente, trop lente – puis comparaît des années plus tard. Il reçoit une peine qui, en étant aménagée, lui permettrait de sortir immédiatement. Mais non, il devait retourner en prison, perdre son travail, peut-être sa famille. Je trouvais que ça n'avait aucun sens. J'ai donc fait en sorte que ce ne soit plus automatique, qu'il y ait désormais une décision motivée de placement en détention. Mais Berton, il n'a pas dit que c'était bien, ça.

Alors, pour vous, changer d'avis face aux faits, ce n'est pas trahir ?

Ce qui m'a fait changer d'avis sur les cours criminelles départementales, ce n'est pas une trahison de mes principes. C'est du bon sens. Quand j'exprimais mes craintes en tant qu'avocat, il n'y avait pas eu d'expérimentation. Puis il y a eu cette phase de test, et enfin un retour d'expérience concluant. Deux parlementaires, avocats tous deux, initialement opposés comme je l'étais et pas de la même famille politique, arrivaient à la même conclusion positive. À un moment, il faut savoir écouter les faits.

C'est ce que la politique vous a appris, finalement ?

La politique m'a donné cette leçon : exprimer plus de nuances, travailler les sujets en profondeur au lieu de proposer des solutions qui paraissent simples, mais qui sont en réalité simplistes. Eh oui ! cela vaut pour moi aussi. Je le reconnais sans ambages.

Ce passage de la robe noire à la fonction ministérielle n'a pas été sans conséquences sur vos relations. Certains de vos amis vous ont-ils déçu ?

Oui, sans être des amis intimes, certains m'ont déçu. Sans compter tous ceux qui sont allés dans les médias pour dire : « Je ne comprends pas pourquoi il a accepté. Moi, je n'aurais pas accepté. » Ce qui me faisait répondre, avec un peu d'ironie : « Ça tombe bien, ce n'est pas à eux qu'on l'a proposé. »

Comment on le vit, ça ?

C'est la comédie humaine. On le vit mal au début, forcément. J'attendais autre chose de certaines personnes que je considérais comme des amis. Mais au fond, celui qui n'est plus ton ami ne l'a jamais été. C'est une règle de base. Mes vrais amis, eux, ont été respectueux de mes choix.

Ces déceptions amicales, je les ai ressenties tout au long de ces quatre années. Des gens avec lesquels je pensais avoir une proximité intellectuelle, au minimum, se sont révélés sous un jour différent. La politique génère des comportements peu chevaleresques. La jalousie, l'envie ne sont pas de bons conseillers. Oui, ça m'a blessé. Il faut avoir un cœur de rhinocéros pour faire de la politique.

Et vous n'avez pas le cœur d'un rhinocéros ?

Je me souviens d'un déjeuner place Vendôme avec Robert Badinter, pendant mon ministère. Je le connaissais déjà avant, nous avions participé à des colloques ensemble. Il savait ce que j'avais traversé, ou ce que j'allais traverser. Il avait connu les mêmes épreuves. Il m'avait dit cette phrase que je n'oublierai jamais : « Le cœur se brise ou il se bronze. »

À la fin de notre repas, il m'a offert un livre qui relate son passage à Vendôme, intitulé *Les Épines et les Roses*. Le titre est parlant. Lui aussi avait été piqué et blessé par beaucoup d'épines. Il faut se souvenir que lorsqu'il portait l'abolition de la peine de mort, il y avait eu une réunion de policiers à laquelle Jean-Marie Le Pen participait, où tout le monde scandait : « Badinter assassin ! »

Cette conversation avec Badinter m'a profondément touché. Cet homme, que j'admirais depuis toujours, savait de quoi il parlait. Comme moi, il avait vécu cette transition de l'avocat au ministre, cette solitude parfois, ces attaques souvent injustes, ces accusations de trahison. Et pourtant, il avait tenu bon, porté ses convictions jusqu'au bout.

Et donc au fond, qu'avez-vous fait de votre robe ?

Ma robe, je ne l'ai pas trahie. J'ai simplement changé de perspective, j'ai regardé les choses avec un autre prisme, celui de l'intérêt général. J'ai appris à écouter les faits plutôt que les postures. J'ai compris que la nuance n'est pas une faiblesse, mais une force. Ma robe, je l'ai posée, avec respect, pour servir autrement la justice !

– 6 –

Juré, craché, servir autrement la justice

Dans votre métier d'avocat, votre marque de fabrique, c'était une grande liberté. Que ce soit dans votre façon de choisir vos dossiers, vos clients, de répondre aux journalistes, vous ne donniez pas l'impression d'être un homme de compromis. Ministre, c'est apprendre le compromis ?

Être ministre demande de maîtriser l'art du compromis, ce qui exige beaucoup d'effort. Faire des compromis, ce n'est pas pour autant renoncer à la liberté. Je la préserve jalousement. Ma méthode était singulière : au retour d'un rare week-end, l'esprit bouillonnant d'idées, je convoquais l'un de mes directeurs – celui concerné par la réflexion qui m'accaparait. Ma façon de procéder tranchait radicalement avec les habitudes de mes prédécesseurs : « J'ai pensé à quelque chose… Et si nous procédions ainsi ? »

Face à l'inévitable « ce n'est pas possible » que l'administration me servait invariablement en première réponse, j'opposais fermement : « Avant de me signifier l'impossibilité, tâchez de la rendre possible. L'idée n'est tout de même pas dénuée d'intérêt. » S'engageaient alors d'authentiques échanges à bâtons rompus, loin des interminables notes technocratiques qui dissèquent un problème sous tous ses angles. Simplement une conversation directe, franche. Ces échanges directs, sans filtre, étaient productifs pour faire avancer concrètement notre système judiciaire.

J'accordais une importance capitale à ces échanges. De ces conversations, souvent informelles, naissaient les initiatives les plus fécondes, et ce d'autant que mes directeurs avaient été prévenus : « Vous avez évidemment le droit de ne pas être d'accord avec moi, et vous devez me le dire. »

Ça, c'est pour la méthode, mais concrètement, ça donne quoi comme avancées ?

Prenons l'exemple emblématique de la procédure amiable. Cette idée a germé en moi lorsque j'ai découvert que les Néerlandais traitent quatre fois plus de procédures judiciaires en deux fois moins de temps que nous en ayant recours à l'amiable. « Bingo ! » me suis-je dit. Sans tergiverser, nous avons organisé une visite aux Pays-Bas, menée tambour battant. Sur place, entouré de traducteurs, j'ai saisi l'essence de leur système. L'accueil était remarquablement chaleureux, nos hôtes nous consacrant un temps précieux pour nous dévoiler le secret de cette efficacité : la procédure amiable. En France, le parcours judiciaire traditionnel s'enlise dans d'interminables échanges de conclusions entre avocats, une expertise souvent contestée par l'une des parties, suivie d'une contre-expertise, avant que le magistrat ne rende finalement sa décision. Une procédure chronophage. Là-bas, la méthode diffère fondamentalement : on tranche d'abord le droit. Le juge établit clairement : « Vous êtes en litige, et vous avez tort sur le fond. Maintenant, trouvez un arrangement. » Le cadre juridique étant posé, les paramètres de la négociation sont transformés. Celui qui espérait obtenir satisfaction sait désormais qu'il n'obtiendra pas gain de cause. Le défendeur, conforté dans son bon droit, cherche également à clore l'affaire promptement – son entreprise doit continuer à fonctionner, sa trésorerie ne peut attendre indéfiniment. Les parties transigent alors et règlent leur différend dans un délai remarquablement court.

Ce qui m'a frappé lors de cette visite, au-delà de l'efficacité du système, c'est la façon dont il replace l'humain au centre de la justice. Les parties ne sont plus de simples spectatrices d'une procédure qui leur échappe, mais des acteurs de la résolution de leur litige. Le juge retrouve son rôle essentiel : dire le droit, puis faciliter un accord plutôt que de l'imposer, si bien que la décision est toujours mieux acceptée. Cette approche m'a semblé correspondre parfaitement à ma vision d'une justice plus humaine, plus accessible, plus efficace, plus rapide.

J'apprends ensuite qu'au Québec, 80 % des dossiers sont résolus par cette méthode amiable à une vitesse décuplée. Ce voyage au Québec est fructueux, l'absence de barrière linguistique facilite nos échanges. Mon équipe et moi sommes accueillis par un aréopage de professionnels qui nous présentent leur propre mécanisme : la CRA – Comparution pour un Règlement Amiable. L'acronyme étant déjà utilisé en France pour les Centres de rétention administrative, nous rebaptisons notre version ARA – Audience de Règlement à l'Amiable.

Avez-vous dû vous heurter à des réticences en France pour mettre en application cette procédure ?

En France, quelques magistrats précurseurs se sont passionnés pour cette nouvelle approche. Je pense notamment à Fabrice Vert, magistrat à Paris, et par ailleurs syndicaliste, qui nous a apporté un soutien inestimable, démontrant au passage que les étiquettes n'enferment pas systématiquement les hommes. Je songe également à Renaud Le Breton de Vannoise,

Premier président de la Cour d'appel d'Aix, véritable apôtre de l'amiable. Avec leur concours, nous avons concrétisé le projet par voie réglementaire, préparant méticuleusement les décrets nécessaires. Je veux ici chaleureusement remercier Valérie Delnaud, première présidente de la Cour d'appel de Colmar, que j'ai nommée à la Direction des affaires civiles et du sceau, qui m'a considérablement aidé à mettre en place ces nouvelles procédures. Pour diffuser cette philosophie nouvelle, j'ai constitué une équipe d'« ambassadeurs de l'amiable » sillonnant les cours d'appel de France afin d'expliciter les vertus de nos textes. Nous nous sommes heurtés à la réticence prévisible des avocats, attachés à leur culture du combat judiciaire et préoccupés par l'impact économique sur leurs cabinets – légitimement considérés comme des entreprises. À ces inquiétudes, nos homologues québécois et néerlandais ont répondu invariablement : « Détrompez-vous, plus les affaires se règlent promptement, plus leur nombre s'accroît, augmentant vos revenus et garantissant la viabilité économique du système. »

Cette expérience m'a enseigné qu'accélérer la justice ne requiert pas systématiquement une réforme législative d'envergure. Le bon sens dont on parle tant aujourd'hui n'est pas né de la dernière pluie.

Encore faut-il, subséquemment, mettre la machine en mouvement, tâche délicate quand on sait que la justice, cette dame vénérable, n'apprécie guère d'être bousculée…

Cette résistance au changement, je l'ai rencontrée à maintes reprises durant mon ministère. J'ai appris à la comprendre, non pas comme un simple conservatisme, mais comme l'expression d'une inquiétude légitime face à la transformation d'une institution séculaire. Une institution dont la stabilité est aussi une force, et dont les principes fondamentaux ont résisté à l'épreuve du temps. Mais j'ai aussi compris que cette stabilité ne devait en aucun cas être confondue avec l'immobilisme, que la fidélité aux principes n'excluait pas l'innovation dans les méthodes.

Naviguer dans l'écosystème judiciaire relève du défi permanent. Les syndicats, seuls détenteurs du porte-voix médiatique, en usent sans modération. Néanmoins, en coulisses, nombre de magistrats me confient : « Vos initiatives en matière de recrutement, entre autres, portent véritablement leurs fruits. »

Ce que vous décrivez, c'est une forme de double discours… La rhétorique syndicale officielle face au constat objectif de professionnels…

Oui, car la réalité s'est imposée d'elle-même : un an plus tard, les chefs de cour et de juridiction m'ont supplié de pérenniser ces mêmes contractuels, de les maintenir dans leurs fonctions – ce que je me suis empressé de faire. Quelle meilleure réponse aux critiques syndicales ? Entendre, douze mois plus tard, ces mêmes juridictions me réclamer : « Gardez-les, faites tout pour qu'ils restent parmi nous » afin de constituer une véritable équipe autour du magistrat, voilà ce que je considère comme une belle victoire !

Vous n'auriez pas accepté de prendre ce ministère si vous ne vous estimiez pas compétent et même si vous êtes issu de la société civile ?

J'évoque souvent la nécessité d'« apprivoiser » son administration. À l'origine, nous nous sommes tous observés avec une certaine circonspection. Je pense que l'avantage d'un ministre issu de la société civile par rapport à un politicien de carrière réside dans l'absence d'ambitions autres que celle de transformer son ministère.

Ce processus d'apprivoisement mutuel avec l'administration a été l'une des expériences les plus enrichissantes de mon ministère. Au fil des mois, j'ai vu tomber les barrières, s'estomper les méfiances, naître une collaboration authentique. J'ai découvert, derrière la façade parfois rigide de l'institution, des femmes et des hommes passionnés par leur métier, animés par un véritable sens du service public, prêts à s'engager dans des projets ambitieux lorsqu'on leur en donnait les moyens et la liberté.

Vous aviez bien conscience de bousculer le monde judiciaire !

Oui, ces décisions égratignaient ce monde judiciaire, un politicien professionnel nourrissant l'ambition de gravir les échelons n'aurait probablement pas agi ainsi. Il aurait pris soin de ne jamais froisser son écosystème – mais, ce faisant, il ne l'aurait jamais fait évoluer non plus.

Est-ce que vous vous êtes interdit de franchir certaines lignes rouges ?

Dans l'exercice du pouvoir, la question des lignes rouges s'impose à tout décideur politique. Pour moi, certains principes demeurent non négociables. Les peines planchers et autres « vieilles soupes rances » que tentent de réchauffer encore et encore certaines formations politiques constituent des limites que je ne suis pas disposé à franchir.

Ces lignes rouges que vous vous étiez fixées, est-ce que vous en faisiez part dans les discussions en interne ? Est-ce qu'il vous est arrivé de dire : « O.K., vous pouvez le faire, mais à ce moment-là, vous allez devoir gérer la crise du départ du Gouvernement d'Éric Dupond-Moretti ? »

Je n'ai jamais utilisé la menace de démission comme argument politique dans les discussions internes. Je n'ai jamais fait de chantage du type : « Si vous ne me suivez pas, je me tire. » Ce n'est pas ma conception du pouvoir. Je suis profondément respectueux de nos institutions.

Pourtant, on vous imagine très attaché à vos idées, pas du genre à tergiverser ni à changer d'avis, comment fait-on ? On ronge son frein ? On prend sur soi ?

Je vais vous étonner, mais il m'est arrivé de transiger sur un certain nombre de sujets sur lesquels j'avais des idées préconçues avant mon arrivée place Vendôme. Ainsi, abolitionniste convaincu jusqu'au tréfonds de mon être, je m'indignais, du temps où j'exerçais comme avocat : « Comment peut-on ne pas rapatrier ces Français partis faire le djihad et qui risquent maintenant la peine capitale ? C'est fermer les yeux, c'est faire comme si une condamnation à mort exécutée à l'étranger ne comptait pas. » Puis vient l'heure des responsabilités ministérielles.

La réalité m'est alors apparue dans sa brutale complexité : d'abord, l'exfiltration de ces personnes expose nos militaires à des dangers considérables. Ensuite, la situation dans les camps eux-mêmes regorge de complications insoupçonnées. J'apprends également l'existence d'accords diplomatiques tacites garantissant qu'aucune exécution capitale n'aura lieu – promesse respectée jusqu'à ce jour. Mes critiques d'antan sont sincères, nourries à la fois par mes inquiétudes légitimes et par mes principes intangibles. Mais elles ignorent une part substantielle de la réalité. Voilà précisément ce qui distingue la pensée individuelle de la pensée collective au sein d'un Gouvernement : la confrontation permanente avec la complexité du réel.

Cette expérience a profondément transformé ma vision de l'action politique. J'ai compris qu'il ne suffit pas d'avoir raison en théorie, que les principes les plus justes se heurtent parfois à une réalité plus complexe qu'il n'y paraît. J'ai appris que gouverner, c'est se confronter à cette complexité, c'est accepter parfois des compromis douloureux, non par lâcheté ou par opportunisme, mais par responsabilité. Cette leçon d'humilité face au réel m'accompagnera bien au-delà de mon passage place Vendôme.

Il m'arrive de douter parfois que les transformations engagées aient résisté à mon départ – les vieilles habitudes ont la vie dure. J'ose néanmoins espérer avoir insufflé un nouveau mode de fonctionnement, fruit d'une authentique détermination, tempérée par une humilité constante. Sans la dissolution qui a tout balayé et sans cette question budgétaire épineuse, j'aurais souhaité poursuivre ma mission jusqu'en 2027, animé de la même énergie et de la même détermination.

La veuve d'un de vos anciens clients, et non des moindres, Bernard Tapie, a déclaré que la pire erreur de sa vie, c'était d'avoir fait de la politique et que toutes ses « emmerdes » sont arrivées de là. Vous comprenez ce qu'elle voulait dire ?

Je saisis partiellement son propos. L'éclairage médiatique sur Tapie s'est intensifié parce qu'il avait été ministre de Mitterrand. Mais sa victoire en Coupe d'Europe suffisait déjà pour attirer l'attention sur ses affaires. Être ministre n'est pas une source d'emmerdes en soi. Pourtant, chaque matin, levé tôt et couché tard, ma première tâche consistait à lire la revue de presse ministérielle et de me prendre un véritable seau de merde quotidien. Pourquoi ? Parce que dans notre pays, on reste persuadé que le garde des Sceaux peut, d'un simple coup de fil, modifier les peines. Maurice Faure, premier garde des Sceaux de Mitterrand, disait que la Justice est le seul ministère dont les personnels sont payés pour désobéir au ministre. C'est l'indépendance de la magistrature. Mais neuf Français sur dix croient encore qu'un ministre peut décrocher son téléphone pour dicter une peine. Cette pratique des années 1950, 1960, 1970, 1980 a disparu, mais l'idée persiste. Le ministre reste donc comptable des décisions jugées trop clémentes ou, plus rarement, trop sévères.

Cette méconnaissance du fonctionnement réel de la justice est l'un des obstacles les plus tenaces auxquels j'ai dû faire face. Comment expliquer l'indépendance de la magistrature sans paraître se défausser de ses responsabilités? Comment faire comprendre que le garde des Sceaux n'est pas un superjuge, qu'il ne peut ni ne doit intervenir dans des affaires individuelles? Cette pédagogie est d'autant plus difficile dans un contexte médiatique qui favorise le sensationnel sur l'explicatif, l'émotion sur la raison.

Pour comprendre ces décisions, il faut avoir plaidé aux assises comme je l'ai fait pendant plus de trente ans. Certains délibérés durent sept heures. Rien n'est plus difficile que déterminer une peine. Chacun, fruit de son histoire, peut voir des circonstances atténuantes ou au contraire réclamer sévérité. Tous les jurés savent combien rendre justice est complexe. Mais le regard public reste manichéen, basique, faux. Le garde des Sceaux peut remettre de l'ordre, certes. Mais l'indépendance judiciaire reste sacrée. C'est l'État de droit. L'État de droit, c'est ce qu'un pays accepte comme règles pour éviter l'arbitraire.

Votre mise en examen, elle a quand même salement entaché votre ministère. Vous ne vous êtes pas dit à un moment que c'était trop cher payé ?

J'ai vécu quatre années place Vendôme avec cette mise en examen qui a blessé mes proches, ma mère particulièrement. Ses larmes, quel crève-cœur ! Si c'est trop cher payé, c'est par rapport à elle. Les larmes d'une mère, c'est ce qu'il y a de pire au monde. Pourtant, je ne regrette pas d'y être allé. Comme l'a chanté Reggiani, je me souhaite une mémoire réfractaire aux regrets, indulgente aux remords… Mais l'un de mes grands regrets : ne pas avoir réussi à convaincre que la justice n'est pas laxiste.

Et sur des dossiers précis, avez-vous un goût d'inachevé ?

Oui. C'est vrai que j'aurais aimé porter le projet de loi sur le narcobanditisme. Il était prêt, mais, et c'est sans doute le jeu de la politique, sa paternité a été endossée par d'autres.

Mais donc, quand vous entendez votre successeur Gérald Darmanin expliquer que lui va prendre les bonnes décisions alors que les décisions dont il parle ce sont les vôtres, que vous dites-vous ? Rien de neuf sous le jeu politique ? Vous n'avez pas eu envie de l'appeler ou au moins de lui envoyer un sms pour le lui signifier ?

J'ai souvent envie de lui envoyer un sms ou de l'appeler, mais j'ai appris, en quatre ans au ministère, à maîtriser mes pulsions... Cette comédie m'exaspère. Cette frustration n'est pas tant liée à une question d'*ego* ou de reconnaissance personnelle qu'à ma conviction profonde que ces projets répondaient à des besoins urgents de notre société. Le statut de repenti, en particulier, représentait une avancée considérable dans notre arsenal contre le crime organisé. En m'inspirant du modèle italien, qui a fait ses preuves dans la lutte contre la mafia, je cherchais à doter notre justice d'outils plus efficaces contre des organisations criminelles de plus en plus structurées et violentes. Voir ce travail présenté comme une innovation récente, sans reconnaissance de tout le chemin parcouru, me semble symptomatique d'une politique qui privilégie l'affichage à la substance.

Chronologiquement, j'ai initié ce travail, ensuite capté par les sénateurs Blanc et Durain qui parlent du statut de repenti et du parquet national anticriminalité comme s'ils avaient découvert la lune. Mais mon grand regret concerne la justice des mineurs.

La délinquance des mineurs s'intensifie – moins en nombre qu'en violence. Je voulais créer une mission pluridisciplinaire : sociologues, criminologues, forces de l'ordre, magistrats, avocats, psychiatres, psychologues, spécialistes des réseaux sociaux. Pour diagnostiquer d'abord les raisons de cette montée de violence adolescente. On ne peut pas traiter un problème de cette ampleur sans l'avoir analysé à fond. Cette violence a toujours existé – les blousons noirs, les bagarres entre bandes –, mais son intensité s'est démultipliée.

Quelles peuvent en être les raisons ? La consommation de stupéfiants joue un rôle majeur. Les taux de THC, la substance active du cannabis, sont aujourd'hui dix fois supérieurs aux taux de THC des pétards de 1968, et il est scientifiquement établi que la consommation de cannabis peut induire des maladies mentales telles que la schizophrénie. Je m'oppose donc totalement à la légalisation du cannabis, après des années de réflexion. Ensuite, il y a bien sûr l'accès des mineurs à la pornographie sur Internet. L'âge moyen du premier accès à la pornographie, c'est 11 ans ! Autre phénomène, les classes sociales les plus favorisées permettent aux jeunes adolescents de disposer de trois mille mots de vocabulaire ; dans les classes sociales les moins aisées, les mineurs disposent d'un volume lexical de cinq cents mots. Or, comme l'explique le linguiste français Alain Bentolila, les coups viennent compenser le manque ou l'absence de mots. Le langage est pacificateur s'il est nourri par les mots. Si vous dites « nique ta mère » avant de dire « pardon », non seulement vous ne pacifiez pas la situation, mais vous générez l'agression… Par ailleurs, les conséquences du confinement n'ont jamais été mesurées. Et puis, doit-on rappeler que d'un point de vue neurologique, la construction du cerveau d'un adolescent n'est pas terminée ? Parallèlement à cette ultraviolence, jamais autant de jeunes ne se sont suicidés. Ce mal-être juvénile est corrélé à l'augmentation de la délinquance. Je voulais analyser ces phénomènes pour avancer, mais Gabriel Attal ne m'a pas suivi.

Cette impossibilité de mener à bien ce projet m'a profondément déçu. J'y voyais une occasion rare de dépasser les approches simplistes et les réponses purement répressives pour comprendre en profondeur ce phénomène complexe. La délinquance juvénile n'est pas un problème abstrait : elle traduit un mal-être profond, des fractures sociales béantes, des évolutions technologiques et sociétales que nous peinons encore à appréhender pleinement. Seule une approche globale, associant l'ensemble des acteurs concernés, peut nous permettre d'y apporter des réponses efficaces et durables.

Juger un mineur comme un majeur est une hérésie absolue. L'excuse de minorité existe comme principe, avec possibilité d'écart pour les 16-18 ans, selon la dangerosité et la gravité de l'acte. Le Gouvernement voulait inverser la logique : retirer le principe et accorder l'excuse comme exception. En réalité cette mesure a déjà existé dans une loi sarkoziste de 2007 qui a déjà démontré son inefficacité. Le nombre d'excuses prononcées avant et après cette réforme est identique. Pure posture ! Comme les peines planchers.

Le Conseil constitutionnel a finalement censuré le texte de Gabriel Attal sur les mineurs. Il était évident que le Conseil constitutionnel censurerait ce texte… Gabriel Attal a passé outre, tout ça parce que l'opinion publique était favorable à ces mesures. Le lendemain, je crois, de la décision rendue par le Conseil constitutionnel, Gérald Darmanin se prononce pour une majorité pénale à 16 ans. Depuis combien de temps n'a-t-il pas vu un gamin de 16 ans, Gérald Darmanin ? Tout cela flatte l'opinion publique, et toujours dans le même sens… Ce qui permet à Laurent Wauquiez, à Bruno Retailleau, ou à Gérald Darmanin de considérablement critiquer le Conseil constitutionnel, et donc l'État de droit.

La réalité, c'est que les hommes politiques font voter des textes en sachant parfaitement qu'ils sont anticonstitutionnels. Ensuite, le Conseil constitutionnel applique le droit et devient le méchant empêcheur. Ils disent qu'il faut donc que la société évolue avec eux, et donc qu'il faut changer la Constitution. Ils stigmatisent un « gouvernement des juges » pour paraître aux yeux de l'opinion comme ceux qui vont enfin réformer quand ils seront à l'Élysée.

J'appelle ça un mensonge populiste. En août dernier, le conseil constitutionnel a censuré la loi Duplomb qui consacrait la réintroduction de certains insecticides. Laurent Wauquiez a hurlé à l'ingérence du conseil constitutionnel. Or, le conseil constitutionnel s'est fondé sur la charte de l'environnement votée il y a vingt ans par un certain Laurent Wauquiez…

Pour en revenir aux mineurs, une société ne peut laisser un héritage où les enfants seraient traités comme des adultes.

Si la répression suffisait à éradiquer la délinquance, le problème serait résolu depuis des siècles. Les États-Unis sont parmi les pays les plus criminogènes au monde, ils appliquent pourtant aux mineurs les peines les plus sévères, jusqu'à la peine de mort et des condamnations multiséculaires

Mais alors comment fait-on ? Vous avez la solution sans tomber dans le tout répressif ?

À Nice, on a testé, sans aucun texte de loi, avec le préfet Hugues Moutouh et le député Éric Ciotti, la prise en charge de gamins qui n'ont pas commis d'actes de délinquance, mais qui sont sur la mauvaise pente, ceux qui n'ont pas encore franchi le Rubicon. C'était simple comme démarche : je vais voir le préfet, je vais voir les gendarmes, je vais voir la police, je dis : « Mon gamin commence à faire des conneries. Est-ce que vous pouvez le prendre pendant les vacances ? » En réponse, les jeunes partaient dans un internat, avec gendarmes, magistrats, militaires, enseignants. Ils faisaient des activités sportives, du théâtre.

À Coëtquidan, nous avons initié une expérience consistant à ce que des jeunes délinquants placés dans un centre éducatif fermé soient pris en charge quelques semaines par des militaires. J'ai toujours cru que la protection judiciaire de la jeunesse devait travailler avec des militaires pour transmettre à des jeunes en difficulté les valeurs d'une autorité bienveillante… L'expérience de Coëtquidan a été concluante, le militaire qui s'occupait des jeunes délinquants et avait formé de futurs soldats de la légion étrangère m'avait dit : « Vous voyez, Monsieur le ministre, sur les dix qui m'ont été confiés, il y en a sept qui sont sauvés. »

Mon immense regret, c'est que ces expériences n'ont pu être dupliquées sur l'ensemble du territoire, et ce, pour différentes raisons. Les militaires n'en voulaient pas – « Ce n'est pas notre boulot » – et puis, quand j'ai demandé au ministre de l'Intérieur de réunir tous les préfets pour qu'on étende partout l'expérience de Nice, je n'ai eu aucune réponse. De la même manière, j'avais demandé, dès mon arrivée, des partenariats entre la protection judiciaire de la jeunesse et l'armée. Ça n'a jamais abouti. Je veux cependant rendre ici hommage à l'amiral Delaunay, militaire à la retraite, qui, comme moi, a cru à ce genre d'expériences.

Un Premier ministre qui ne se donne pas la peine d'appuyer votre démarche pour traiter en amont la délinquance des mineurs et en organisant cette grande concertation, des magistrats vent debout contre vous, est-ce que parfois vous ne vous êtes pas senti un peu seul dans la tempête?

Disons que c'était un peu David contre Goliath, mais en conscience. J'avais une obligation de moyens, pas de résultats. J'ai investi toutes mes capacités intellectuelles et physiques – car un ministre dort peu – au service d'une nuance aujourd'hui proscrite. Me croit-on naïf au point d'imaginer que lorsque je quitterai la place Vendôme, tous les Français aimeraient soudain la justice? Leurs méfiances sont légitimes : justice trop lente – d'où notre développement des procédures amiables – et institution refusant d'admettre ses dysfonctionnements. J'ai donc, comme je l'ai expliqué, simplifié les règles permettant aux justiciables qui s'estiment maltraités par la justice de saisir les instances disciplinaires des magistrats.

Ce constat sur l'absence de sanctions disciplinaires m'a toujours interpellé. Comment une institution peut-elle gagner la confiance des citoyens si elle semble incapable de reconnaître ses propres erreurs? Cette capacité d'autocritique, loin d'affaiblir la justice, la renforcerait au contraire, en démontrant son attachement à l'excellence et son refus de l'arbitraire. J'ai toujours cru qu'une justice forte n'est pas celle qui se prétend infaillible, mais celle qui a le courage d'admettre ses imperfections et de travailler constamment à les corriger.

Je ne suis pas technocrate. Ce terme est sans mépris dans ma bouche. Je parle simplement, clairement, les pieds sur terre. J'ai eu la chance d'être entouré par des personnes remarquables qui m'ont soutenu pour faire bouger les lignes. Certains prenaient même plaisir à travailler sur mes propositions disruptives.

Ces collaborateurs, je tiens à leur rendre hommage. Dans un environnement souvent conservateur, ils ont su faire preuve d'audace et de créativité. Ensemble, nous avons tenté de moderniser une institution séculaire, sans trahir ses principes fondamentaux. Ce défi quotidien – améliorer sans bouleverser, réformer sans détruire – a été l'un des aspects les plus stimulants de mon ministère, même s'il m'a parfois valu l'incompréhension, voire l'hostilité, de certains acteurs du monde judiciaire.

III.

LE DERNIER ROUND

– 1 –

Amra, sans foi ni loi

Le mardi 14 mai 2024, vers 11 heures, au péage d'Incarville (Eure), sur l'A154, un commando attaque le convoi pénitentiaire transportant le détenu Mohamed Amra, un détenu impliqué dans plusieurs affaires, notamment de vols aggravés, d'association de malfaiteurs, d'extorsion et de violence avec arme. Le fourgon qui venait de franchir le péage est percuté par un véhicule bélier, un SUV noir, arrivant en sens inverse. Deux hommes cagoulés et armés de kalachnikovs sortent du véhicule et ouvrent le feu – sans sommation – sur le convoi, qui comprend le fourgon et une voiture de l'administration pénitentiaire qui le suivait. Deux agents pénitentiaires perdent la vie.

Mohamed Amra. Ce nom est-il associé au pire jour de votre vie de ministre ?

Durant mes années d'avocat, j'avais côtoyé la violence criminelle, plaidé dans des affaires sanglantes, été confronté aux pires aspects de la nature humaine. Mais rien ne m'avait préparé à ce que j'allais ressentir ce jour-là. Recevoir l'appel m'annonçant la mort de deux agents dans l'exercice de leurs fonctions, devoir assumer la responsabilité institutionnelle d'une telle tragédie, être confronté à la douleur des familles… Cette dimension de ma fonction de garde des Sceaux m'a frappé avec une brutalité inouïe.

Lorsque j'ai appris cette évasion sanglante, mon premier réflexe a été d'appeler Sébastien Cauwel, le directeur de l'administration pénitentiaire. Les mots se bousculent, l'urgence me saisit. Je file immédiatement dans son bureau, accompagné de toute mon équipe. Et là, cette question qui me brûle les lèvres : « Est-ce qu'on a prévenu les familles ? »

Vous craigniez que les familles des victimes l'apprennent à la télévision ?

À l'évidence, il y a eu un retard à l'allumage. C'est inacceptable. Je ne pouvais pas accepter que des familles apprennent à la télévision que leur fils, leur mari, était mort. J'ai donné immédiatement des directives très claires : il faut les contacter, qu'un préfet aille les voir. Je me suis chargé d'appeler en personne le père de l'une des victimes. Un moment terrible. Tous les membres de mon cabinet ministériel et moi-même étions en larmes. Ces moments-là vous marquent à vie. Ce n'est pas une affaire de plus, un dossier parmi d'autres. Ce sont des vies brisées.

Je me suis ensuite déplacé sur place pour rencontrer les familles. L'une des veuves, qui n'était pas mariée, était enceinte. C'est la belle-fille du monsieur que j'ai appelé. Elle nous a demandé un mariage posthume, ce que nous avons mis en place immédiatement. Le président de la République a très vite signé les décrets qui le permettaient. J'ai rencontré l'autre veuve. Elle vivait avec son compagnon depuis plus de trente ans. J'ai trouvé cette femme bouleversante. Pour masquer son chagrin immense, elle m'a confié : « Jusqu'à présent, il n'a pas voulu qu'on se marie, mais là, il ne pourra pas dire non. » Ces mots glaçants d'effroi m'ont touché en plein cœur. Ces paroles résonnent encore en moi aujourd'hui. Derrière leur apparente légèreté se cache une douleur abyssale, celle d'un amour brutalement interrompu, d'une vie commune brisée.

Face à de telles tragédies, les mots semblent dérisoires, les gestes institutionnels bien insuffisants. Et pourtant, c'est dans ces moments que la fonction prend tout son sens ; non pas dans les grands discours ou les réformes ambitieuses, mais dans cette présence humaine auprès de ceux qui souffrent.

Après avoir vu les familles, j'ai rencontré les collègues des victimes. L'un d'eux m'a soufflé : « C'est moi qui aurais dû être à sa place. » Ces hommes, une petite vingtaine, sont très unis, très proches les uns des autres. C'est dur, c'est vachement dur.

L'enquête que j'ordonnerai révélera des dysfonctionnements qui me laissent sans voix. Comment a-t-on pu laisser passer des choses pareilles ? La compagne d'Amra lui a rendu visite en prison après avoir obtenu un permis de visite en se faisant passer pour sa sœur. On va retrouver cette prétendue « sœur » faisant l'amour avec Amra au parloir. Et là, personne n'a fait le lien. Personne ne s'est dit : « Tiens, il est en train de faire l'amour à sa sœur, c'est étrange. » Il n'y a pas de connexion entre l'étage du parloir et l'entrée. On est effondré après tout ça. Comment a-t-on pu laisser passer ça ?

Ça serait trop facile de donner des leçons à qui que ce soit, mais face à ces dysfonctionnements dans la surveillance d'Amra, pensez-vous aujourd'hui que ce drame aurait pu être évité ?

Ces dysfonctionnements m'ont profondément remué, non seulement en tant que ministre responsable, mais aussi en tant que citoyen. Comment est-il possible, dans un système supposé sécurisé, que de telles failles puissent exister ? Cette affaire a révélé une forme de cloisonnement institutionnel que j'avais déjà perçu, mais dont je n'avais pas mesuré toutes les conséquences potentielles. Elle a mis en lumière la nécessité d'une meilleure circulation de l'information, d'une coordination plus étroite entre les différents services, d'une vigilance de tous les instants face à des détenus particulièrement dangereux.

Mais vous étiez en responsabilité, vous auriez pu passer un coup de gueule pour éviter ces couacs ? Il est un peu facile de vous défausser…

Ce qui a posé problème, c'est que le judiciaire n'a pas communiqué à la pénitentiaire un certain nombre de renseignements qui auraient permis d'être alerté sur le niveau de dangerosité de ce type. Je ne me défausse pas, mais je rappelle que la justice est indépendante.

En tant qu'avocat et en tant que ministre, vous dites souvent que le risque zéro il n'existe pas. Même si vous avez évidemment tenté d'améliorer les choses, ce genre d'évasions reste inéluctable ?

Je ne suis pas un superhéros… Mais à la suite de ce drame, nous avons donné des consignes pour resserrer les boulons et nous avons fait ce travail avec les organisations syndicales de la pénitentiaire, notamment, pour qu'il y ait davantage de fluidité entre le judiciaire qui détient certaines informations, le renseignement qui en possède d'autres, et ceux qui ont en charge de garder les détenus ou de les transférer. Il y a eu des couacs dans la façon dont le transfèrement a été organisé. D'autres drames surviendront, c'est inéluctable, même s'ils prendront des scénarios différents. Depuis qu'il y a des prisons, il y a des évasions, quel que soit le système. Ce n'est pas du fatalisme que de dire ça. C'est reconnaître qu'il faut prendre des mesures concrètes : d'abord analyser ce qui s'est passé, puis identifier là où ça a péché et où ça ne doit plus pécher. Et pourtant, il y aura toujours des types qui échafauderont des plans auxquels on n'aura pas songé. Et d'ailleurs, depuis que j'ai quitté le ministère, un détenu s'est évadé de la prison de Corbas en se glissant dans le sac de vêtements d'un codétenu qui allait être libéré.

N'est-ce pas une frustration d'avoir vécu son arrestation alors que vous n'étiez plus ministre ?

J'ai quitté la Chancellerie avant son arrestation. C'était un sujet pour moi, bien sûr. Mais je savais qu'il serait arrêté un jour ou l'autre. La police dispose aujourd'hui de tellement de moyens qu'il n'y a plus personne qui peut réussir une cavale sur le très long terme. Neuf mois, c'est déjà bien long. J'ai été tenu au courant de certains éléments de l'enquête par les ministres de l'Intérieur successifs, Gérald Darmanin puis Bruno Retailleau. Ils m'ont tous les deux envoyé un texto pour m'informer de l'interpellation d'Amra. Gérald m'a appelé pour me dire qu'il avait contacté les familles des victimes en nos deux noms. J'ai trouvé ce geste très élégant, ça m'a fait chaud au cœur. J'ai ensuite appelé moi-même les familles. On ne peut pas dire qu'ils étaient heureux – on n'est jamais heureux dans ces circonstances –, mais ils étaient soulagés.

L'attitude d'Amra lors de son arrestation le 22 février 2025 en Roumanie m'a choqué, cette arrogance, cette provocation, même si elle ne m'a pas étonné. Quand on est capable de commettre de tels actes, on est capable de tout. Mais ce qui m'a vraiment heurté, c'est que la presse ait diffusé et rediffusé ces images. Je me suis demandé : « Est-ce que ces gens pensent aux familles de temps en temps ? Est-ce qu'on est obligés de donner de l'écho à cette attitude-là ? » Il y a des moments où la sobriété s'impose.

Cette question du traitement médiatique des affaires criminelles m'a souvent préoccupé. Quelle est la frontière entre le droit légitime à l'information et le voyeurisme ? Entre la nécessaire transparence et la spectacularisation de la justice ? Comment concilier la liberté de la presse avec le respect dû aux victimes, à leur douleur, à leur intimité ? Ces questions, je me les suis posées tout au long de mon mandat, cherchant un équilibre délicat qui ne sacrifie ni nos principes démocratiques ni notre humanité fondamentale.

Quand vous avez découvert qui était vraiment Amra, ses crimes, ses réseaux, son business – qu'il a d'ailleurs continué pendant sa cavale –, on se dit quand même qu'il y a un loupé depuis le début et que sa dangerosité était minorée…

On n'avait pas mesuré qui était ce personnage. On est passé à côté. Mais les informations dont on disposait déjà n'ont pas été transmises comme elles auraient dû l'être.

En tant qu'avocat, vous avez été confronté à ce type de délinquants, n'avez-vous pas l'impression que ces narcotrafiquants de la génération d'Amra sont passés à un stade supérieur dans le banditisme ? Les codes d'honneur ne semblent-ils pas avoir disparu ?

Oui, cette affaire m'amène à réfléchir plus largement sur l'évolution du banditisme et du narcotrafic. Ce qu'on appelait le « code d'honneur » dans la vieille voyoucratie a complètement disparu. Il y avait des choses qui ne se faisaient pas, comme s'attaquer à une vieille dame ou à une femme, et c'était pourtant une époque bien plus sexiste que la nôtre. Il y avait des règles, même si elles étaient parfois transgressées.

Il faut toutefois se garder de toute mythologie : la mafia sicilienne, qui se prévalait de ces mêmes codes, a tout de même dissous des enfants dans l'acide ! Aujourd'hui, on est sans limite. Plus le narcotrafic se développe, plus il y a d'argent, et plus il y a d'arrogance et de mégalomanie. Il faut rappeler ce qu'est le trafic de stupéfiants : vendre des produits potentiellement mortels, souvent à des adolescents. Quand on est capable de ça, on est capable du reste !

Dans un documentaire sur BFMTV, on entendait la voix d'un trafiquant qui disait : « Moi, en une nuit, je gagne plus qu'un avocat en une année. » La seule référence, c'est l'argent, rien d'autre. C'est pourquoi j'ai souhaité assouplir les mécanismes permettant de confisquer les avoirs criminels, et même de les redistribuer au profit d'associations caritatives.

Cette évolution du crime organisé m'inquiète profondément. Loin de la vision romantique parfois véhiculée dans les films, le narcotrafic contemporain se caractérise par une violence extrême, une absence totale de scrupules, et un attrait irrésistible pour l'argent facile. Cette réalité, je l'ai vue se dessiner progressivement pendant mes années de barreau, mais c'est en tant que ministre que j'en ai vraiment mesuré l'ampleur et le danger pour notre société. L'affaire Amra en est l'illustration tragique.

Est-ce que vous auriez pu défendre un homme comme Mohamed Amra ?

C'est difficile de répondre à la question parce que j'ai été personnellement impliqué dans l'affaire en tant que ministre. Je n'ai pas la distance suffisante. En tant qu'avocat, je n'étais pas un « stupeux », je défendais peu d'affaires de stupéfiants. Intellectuellement, je n'y trouvais pas toujours mon compte. Chez les « stupeux », c'est le contraire des manifestations : les chiffres avancés par la police sont toujours plus importants que ceux avancés par les intéressés. Ainsi, là où, dans les manifestations, la police dit qu'il y a 100 000 manifestants, la CGT dit qu'il y en a 200 000 ; chez les « stupeux », les flics disent qu'il y a 20 kg et les trafiquants avancent qu'il n'y en a que 10 !

Il y a une autre raison pour laquelle je n'étais pas un avocat féru d'histoires de stupéfiants, bien que je pense qu'ils doivent bien évidemment être défendus : il y a très souvent des menaces qui sont proférées, notamment contre les avocats. C'est un phénomène assez récent. J'ai vu beaucoup de jeunes avocats s'en plaindre auprès de moi, disant qu'on ne peut plus faire sereinement le métier. Les dealers débarquent à 22 heures dans le cabinet, c'est tout juste s'ils ne forcent pas la porte. Il y a des menaces et des pressions. C'est d'ailleurs pour cette raison que j'ai toujours été contre la délivrance intégrale de la copie du dossier pénal en garde à vue aux avocats, pour ne pas multiplier les risques de menaces, que ce soit de membres d'une bande ou d'une autre qui viendraient se renseigner de façon forcée auprès des jeunes avocats.

Je n'ai pas attendu d'être ministre pour me rendre compte que l'inhumain appartient à l'humain. Dans ma réalité professionnelle d'avocat, j'avais le luxe de pouvoir choisir mes clients. Je faisais mes choix en fonction de critères comme l'agenda, bien sûr, mais aussi l'intérêt que je portais à telle ou telle affaire.

Cette affaire Amra restera gravée en moi et me rappelle cruellement que derrière les dossiers, les procédures, les institutions, il y a des vies humaines. Des gardiens de prison qui ne rentreront plus jamais chez eux, des familles brisées, une femme enceinte qui n'a pas pu se marier de son vivant avec celui qu'elle aimait. Et de l'autre côté, un homme sans limite, prêt à tout, y compris à tuer, pour sa liberté et pour l'argent. Sans foi ni loi. Le monde du narcotrafic est un monde sans pitié, où l'argent règne en maître absolu, où la vie humaine n'a aucune valeur. C'est un monde qui défie notre système judiciaire, qui teste ses limites et ses failles. Et parfois, comme dans le cas d'Amra, qui les exploite tragiquement.

Quand je repense à cette affaire, je ressens encore cette impuissance face à la violence brute, cette colère contre les dysfonctionnements qui ont permis cette tragédie, et cette douleur immense pour les familles endeuillées.

Ce jour noir me hante encore. Mais je sais aussi que nous avons fait tout ce qui était en notre pouvoir pour tirer les leçons de ce drame et éviter qu'il ne se reproduise. C'est peut-être là le seul réconfort que nous puissions trouver dans cette tragédie : qu'elle serve à améliorer le système, à mieux protéger ceux qui nous protègent. Et à ne jamais oublier que derrière chaque uniforme se cache un être humain, un père, un mari, un fils, dont la vie mérite d'être défendue par tous les moyens possibles.

Pendant ces quatre années au ministère, j'ai appris à connaître le personnel pénitentiaire, troisième force de sécurité de notre pays. Ils exercent une mission essentielle. J'ai pour eux une admiration et un respect sans faille, et j'espère de tout cœur qu'ils le savent.

– 2 –

L’ère de la victimisation et des néoguerrières

On a vu plus haut que votre fonction de ministre vous imposait en permanence de faire des compromis avec l’homme de la société civile que vous êtes. Quitte à ronger votre frein, ou au moins à garder vos réactions pour vous. Y a-t-il eu des moments où, face à des aberrations, vous vous êtes tu de peur que ça ne vous revienne au visage ?

Un matin, j’ai reçu une association féministe que je peux qualifier de « néoguerrière », expression que j’emprunte à Élisabeth Badinter, que l’on ne peut pas suspecter de ne pas être féministe. Elles m’ont proposé une série d’aménagements qui, à mes yeux, sont hallucinants au regard des principes cardinaux de notre justice. En premier lieu, l’inversement de la charge de la preuve, c’est-à-dire qu’au fond, il suffirait d’accuser pour avoir raison. Et celui qui est accusé aurait alors à sa charge la démonstration de son innocence, ce qui est absolument impossible. Cela va à l'encontre de toutes nos règles de droit !

Et à l'encontre de vos trente années d'avocat ?

Oui, à l'encontre de mes trente années d'avocat fondées non pas sur une doxa que je me suis inventée, mais sur des règles que j'ai apprises à l'université. Des règles qui ont vocation à s'appliquer dans toutes les grandes démocraties.

En écoutant ces propositions, je sens monter en moi un profond malaise. Comment concilier mon engagement sincère pour la cause des femmes victimes de violence avec mon attachement viscéral aux principes fondamentaux du droit ? Cette tension m'a accompagné tout au long de mon ministère, me plaçant souvent dans une position délicate face à certains mouvements militants dont je partage pourtant les objectifs généraux de protection des victimes. Cette dame me raconte qu'il est totalement anormal que l'on s'intéresse à la personnalité de ce qu'elle appelle déjà la victime et que moi, j'appelle la plaignante. Et là, j'ose une petite remarque. Je lui dis : « Enfin, s'il est avéré, par exemple, que la plaignante a déjà calomnieusement accusé quelqu'un, c'est quand même très intéressant que la justice le sache. » Et là, elle me répond : « Non, pas du tout. L'enquête, ça ne doit concerner que l'accusé. »

Mais l'homme qui ne se refait pas d'un coup de baguette magique parce qu'il est sous les ordres de la République, n'a pas, à un moment donné, envie de sortir du bureau ?

Sa façon de penser me choque. Bouscule tous les fondements, toutes les valeurs qui m'ont porté durant toute ma carrière, qui me font aimer passionnément la justice. Je fulmine intérieurement, je me demande dans quel monde vit cette femme, comment peut-elle penser pareille bêtise ? Mais si je l'envoie ouvertement balader, la réalité, c'est que, à peine sortie de mon bureau, elle ira claironner dans le tumulte médiatique que le garde des Sceaux se moque complètement des victimes. Et donc je promets : « Je vais réfléchir. » Je contiens mon impulsivité. L'homme qui ne se refait pas d'un coup de baguette magique parce qu'il est sous les ordres de la République doit pourtant s'adapter à sa fonction. En tant que ministre, il y a deux choses. Il y a ce que tu peux dire et ce que tu fais. J'ai dû apprendre à me contenir.

Ce n'est pas épuisant de devoir constamment arbitrer entre votre personnalité et la fonction, si j'ose dire, le « jeu » de ministre ?

Cette contrainte de la parole ministérielle m'a souvent pesé. Moi qui ai toujours privilégié la franchise, parfois même la brutalité verbale, je me suis retrouvé prisonnier d'un costume institutionnel qui exigeait mesure et diplomatie. J'ai dû apprendre à peser chaque mot, à anticiper chaque réaction, à naviguer dans cet écosystème médiatique où la moindre phrase peut être sortie de son contexte et alimenter une polémique stérile. Cette discipline m'a coûté, mais elle m'a aussi enseigné la vertu de la patience et la nécessité de distinguer les combats essentiels des escarmouches inutiles.

Pensez-vous que c'est l'époque qui veut ça ? Le ministre que vous étiez ne pouvait pas dire qu'on en fait trop autour des victimes…

Nous sommes entrés dans une ère victimaire. Il y a une volonté de la part de ces associations de défense des victimes, mais de façon plus générale, une poussée sociétale pour aller vers l'abrogation de la prescription, l'inversement de la charge de la preuve et un certain nombre d'autres mesures qui, pour moi, équivaudraient à sacrifier des principes qui honorent la justice quand elle les respecte. La protection des victimes, c'est quelque chose d'extrêmement important, il faut bien évidemment y veiller mais on ne peut pas sacrifier tous nos principes à une cause, aussi noble soit-elle.

Tout cela s'inscrit dans un processus de mise au bûcher médiatique sur lequel on va griller des gens, comme l'ancien député EELV (Europe Écologie les Verts) Julien Bayou, lorsque Sandrine Rousseau l'accuse à la fin de l'été 2022, dans une émission de télévision, sans aucun égard pour sa présomption d'innocence d'avoir des « comportements de nature à briser la santé morale des femmes ». Cet homme n'est pas un ami, d'ailleurs il n'a pas vraiment respecté la mienne, de présomption d'innocence, mais la façon dont il a été jeté en pâture est totalement injuste et disproportionnée. Le parquet a ouvert une enquête pour harcèlement moral et abus de faiblesse.

Il a bénéficié d'un classement sans suite qui a été motivé par l'absence d'infraction.

Oui, mais ça a dû représenter pour lui des mois de calvaire. Pour lui, le mal est fait, au prix d'un certain nombre de conséquences politiques internes au sein d'Europe Écologie les Verts.

Vous vous inscrivez à contre-courant de cette forme de « pensée unique » qui s'est mise en place depuis #MeToo ?

Il est vrai que pendant trop longtemps la parole des femmes a été totalement méprisée, mal prise en considération par les enquêteurs, sans doute par la justice également. Aujourd'hui les choses sont différentes. C'est indéniable. Quoi qu'en disent les associations féministes qui expliquent qu'un viol sur cent fait l'objet de sanctions, c'est un chiffre qui sort de nulle part, qui n'est pas objectivé et qui n'est pas vrai. Quand le parquet a le sentiment qu'un viol a été commis, bien sûr qu'il investigue. Mais on est dans cette ère où l'émotion prime, l'ère de l'absence de nuance. Il suffit souvent d'accuser pour faire justice, et l'accusation devient une réalité médiatique.

Cette dictature de l'émotion qui s'est peut-être même encore amplifiée ces dernières années, notamment à cause des réseaux sociaux, vous l'intégrez, en responsabilité, à cet écosystème, et donc, vous êtes bien obligé de la prendre en compte. J'imagine que pendant les quatre ans au ministère vous avez reçu des victimes ?

Oui, j'ai reçu des victimes, certaines appartenant même à des associations de victimes – le hasard des choses fait que j'ai même revu une dirigeante d'associations que j'avais moi-même défendue en qualité de partie civile devant la cour d'assises. En revanche, je n'ai pas reçu de victimes d'affaires en cours, je ne voulais pas donner le sentiment que le garde des Sceaux prenait fait et cause. Comme le souhaitaient les associations de victimes, j'ai mis en place la prescription glissante pour les mineurs. Désormais, le délai de prescription du viol sur un enfant peut être prolongé si l'auteur viole ou agresse sexuellement un autre enfant par la suite. D'ailleurs, j'étais favorable à ce qu'on la mette en place pour les majeurs, parce qu'elle avait été faite à l'origine pour les mineurs. Je pense qu'on s'est beaucoup battus pour développer un certain nombre d'outils qui me paraissaient absolument indispensables.

Dans cette société du spectacle, il y a peu de place pour la mesure. C'est ça que vous regrettez ?

Cette évolution m'inquiète d'autant plus qu'elle s'inscrit dans un contexte plus large de simplification du débat public, d'immédiateté médiatique, de polarisation des opinions. La nuance est devenue presque suspecte, la complexité, un aveu de faiblesse. Or, la justice est par essence nuancée, complexe, faite de situations singulières qui résistent aux généralisations hâtives et aux solutions toutes faites.

Défendre cette vision de la justice à l'ère des réseaux sociaux et des chaînes d'information en continu relève parfois du combat perdu d'avance.

S'il a fallu se battre, résister et ne pas aller vers une abrogation de la prescription, un inversement de la charge de la preuve, une demande permanente d'augmentation des peines, le ministre que j'ai été n'a pas à rougir d'avoir considérablement renforcé les moyens mis en place pour lutter contre les violences faites aux femmes : bracelets antirapprochement, téléphones grave danger, ordonnances d'éloignement, création de lieux où, à l'hôpital, grâce à l'unicité de lieux, à la fois on traite médicalement les victimes et on fait en sorte de faciliter justement la libération de la parole et la prise en charge judiciaire la plus rapide possible. J'étais résolument opposé, et je le suis toujours, à la modification de la définition du viol dans notre Code pénal. Mais, hélas, après mon départ, cette loi, que j'ai refusé de porter, a été adoptée. Désormais, il appartient à l'accusé de rapporter la preuve du consentement de la plaignante… Quelques innocents seront condamnés.

Je souhaitais mettre en place, mais je n'ai pas été maintenu à mon poste pour les raisons que nous savons – la dissolution –, une comparution avec reconnaissance préalable de culpabilité, comme ça se fait en matière correctionnelle, mais avec une vraie différence : je souhaitais qu'on demande l'avis de la victime sur le quantum de la peine, c'est-à-dire qu'on aurait eu une peine à la fois admise par la victime, par le parquet représentant la société et par l'accusé.

Une justice plus participative en somme ?

Oui, où chaque partie trouve sa place et contribue à l'élaboration d'une solution qui n'est pas seulement techniquement correcte, mais aussi humainement acceptable. Une justice qui ne se contente pas d'appliquer mécaniquement des textes, mais qui cherche à reconstruire du lien social, à réparer ce qui peut l'être, à permettre à chacun – victimes comme auteurs – de se projeter vers un avenir meilleur.

J'avais le souvenir, et cette idée est venue de là d'ailleurs, de ce qu'exprimait le grand ténor Jean-Louis Pelletier, aujourd'hui disparu, qui affirmait qu'un bon verdict est un verdict qui enferme tout le monde. Enferme au sens évidemment que tout le monde comprend et que tout le monde accepte. Et c'est assez rare ça. Ainsi, faire participer la victime au quantum, ça permettait une meilleure acceptabilité. Je voulais ensuite aller davantage vers de la justice restaurative, qui permet aux victimes la résilience – pas à tout le monde, parce que tout ça, ce n'est pas du prix de gros, c'est du cas par cas – de mesurer le mal qu'ils ont fait, les dégâts qu'ils ont causés.

Revenons à #MeToo. C'est un combat noble, qui fait avancer les choses !

Quand est survenu le phénomène #MeToo, moi, j'ai d'abord approuvé, parce que cette libération de la parole des femmes était essentielle, mais attention, on a quand même besoin du filtre judiciaire. Ce n'est pas sur les réseaux sociaux qu'on rend la justice, ce n'est pas sur les plateaux de télé qu'on rend la justice, il faut que l'on soit extrêmement prudent. On clame : « Mais bien sûr que les femmes qui accusent ont raison. » Oui, sans doute, à 99 %. Mais s'il ne reste ne serait-ce qu'un pour cent de cas qui peut prêter à erreur, il faut qu'on soit attentif et très vigilant à ne pas condamner des innocents.

J'ai suivi de près l'histoire des rugbymen français – les deux joueurs de 21 ans inculpés en juillet 2024 pour viol aggravé en réunion d'une Argentine de 39 ans dans leur chambre d'hôtel de Mendoza, au terme d'une soirée alcoolisée. J'ai vu le temps qu'il a fallu à la presse française pour sortir les écoutes téléphoniques où la plaignante disait à l'une de ses amies qu'elle avait passé un très bon moment en raison notamment de la taille du sexe d'un des deux rugbymen. J'ai vu le temps qu'il a fallu pour que l'on mette en exergue la maladie qu'elle portait et qui faisait qu'elle marquait très vite, le temps qu'il a fallu pour rappeler qu'elle avait subi une opération de chirurgie dentaire importante qui justifiait les traces médico-légales qu'elle portait au visage. Je me suis dit : Est-ce que finalement il ne suffit pas d'accuser pour sacraliser une vérité avant même que le processus judiciaire ait lieu ?

Je me souviens de mon sentiment de malaise en suivant cette affaire dans les médias. Non pas que je préjugeais de l'innocence ou de la culpabilité des accusés – ce n'est pas mon rôle –, mais je constatais avec inquiétude comment certains éléments disculpatoires étaient minimisés ou ignorés dans les premiers temps de la couverture médiatique. Même chose dans l'affaire Mbappé : des heures d'antenne ont été consacrées à des accusations de viol qui, en réalité, ne sont fondées sur rien et alors même que la police et la justice n'ont jamais communiqué... L'époque veut que l'emballement médiatique emporte tout sur son passage et rien ne sert jamais de leçon ! Cette sélectivité dans le traitement de l'information judiciaire me paraît symptomatique d'une tendance plus large à privilégier le récit qui confirme les convictions préexistantes plutôt que la recherche patiente et méthodique de la vérité.

Vous pensez que cette affaire n'est qu'un exemple parmi d'autres où le « tribunal médiatique » tend à se substituer à la justice ?

Je m'interroge sur la capacité de notre système à résister aux pressions sociétales qui s'exercent sur nos institutions judiciaires. Je crains que ces digues, qui sont les miennes à travers ce que je suis, mon passé, mes convictions ne tombent avec des ministres qui font de la politique. Parce que pour certains politiques, l'opinion publique est le seul guide.

Pourquoi cette crainte existe-t-elle ? Parce qu'en réalité tous les opportunistes politiques, et c'est vrai pour les extrêmes, extrême gauche comme extrême droite, s'engouffrent dans tout ce qui fait l'opinion publique, sans faire le tri. Au fond, un populiste, c'est quoi ? C'est quelqu'un qui dit ce que les gens ont envie d'entendre. Et ça ne vise pas que les extrêmes. Déjà, à la marge des extrêmes, il y a des gens qui ne veulent pas franchir le pas, mais qui, idéologiquement, l'ont déjà dépassé.

Il y a une expression libre que je ne pouvais pas avoir parce que ça aurait mis le feu, et qu'ensuite, dans le tohu-bohu médiatique, on ne peut plus avancer. Je sais que le moindre mot peut être générateur d'un incendie dévastateur, mais il y a aussi ce que j'ai fait et qui va dans le sens de ce que je pensais. Donc je ne rougis pas de ça. Et je pense que l'intérêt général ne peut pas être remplacé par l'opinion publique. C'est la formule d'Hugo d'ailleurs : « Souvent la foule trahit le peuple. »

Cette citation d'Hugo me hante. Elle résume parfaitement la tension que j'ai vécue, entre la nécessité de répondre aux attentes légitimes des citoyens et le devoir de maintenir des principes parfois impopulaires mais essentiels à l'État de droit. Car la justice ne peut se réduire à un sondage d'opinion ou à un exercice de communication. Elle exige parfois de résister aux émotions collectives, de défendre l'impopulaire, de rappeler inlassablement que nos principes juridiques fondamentaux ne sont pas des obstacles à contourner, mais des protections essentielles pour tous les citoyens.

– 3 –

La justice, la mal aimée des Français

Les Français n'aiment pas leur justice. Comment expliquez-vous cela ? Malgré vos quatre ans et deux mois au ministère, malgré l'ensemble des choses que vous avez dit vouloir faire, deux reproches reviennent toujours : un malentendu sur la justice, laxiste ou trop clémente, et des magistrats qui ne condamnent pas des délinquants arrêtés par la police.

Quatre ans et deux mois, c'est long, mais la question que vous me posez, elle est posée depuis des millénaires. Les Grecs anciens distinguaient la *diké* et la *thémis*, c'est-à-dire la justice idéale et la justice humaine.

Mais il n'en demeure pas moins qu'à…

Laissez-moi développer ma pensée. Un des membres éminents du Syndicat de la magistrature, Casamayor (nom d'emprunt du juge Serge Fuster) a écrit : « La justice est une erreur millénaire qui veut que l'on ait attribué à une administration le nom d'une vertu. » Autrement dit, la justice peut être merveilleusement humaine, mais elle peut être terriblement humaine. La magistrature est aujourd'hui constituée de plus de 9 000 personnes. Il y a d'excellents juges et de très mauvais – comme il y a de grands journalistes et de très mauvais, comme il y a de grands garagistes et de très mauvais, avec des conséquences qui ne sont pas les mêmes bien sûr.

Dans le temps qui a été le mien au ministère de la Justice, comme je l'ai expliqué, j'ai tenté d'améliorer le recrutement des futurs magistrats et d'ouvrir la magistrature pour la débarrasser de son corporatisme et de son entre-soi. À la place qui a été la mienne, j'ai parfois sursauté à la lecture de telle ou telle décision que je trouvais scandaleuse. Mais je me suis gardé aussi bien de les commenter publiquement que d'intervenir d'une quelconque manière. Ce qui n'est de toute façon pas possible, fort heureusement.

Comme je l'ai déjà dit, l'indépendance de la justice est indispensable dans une démocratie. Il est *de facto* interdit à l'exécutif toute intervention, toute pression, et même tout commentaire.

Vous connaissant, cela a dû vous « démanger » ?

Oui, et vous n'imaginez même pas à quel point. Je voudrais vous citer trois exemples. Des personnes pénètrent dans une mairie et volent le portrait du président de la République. Eh bien, il s'est trouvé des magistrats pour acquitter les voleurs au motif qu'ils auraient été dans un état de nécessité… On est chez les fous ! Là, on imagine bien volontiers des hommes pénétrant dans le bureau d'un magistrat pour voler sa photo. Serait-il acquitté ?

Pour vous, le magistrat fait de la politique et habille sa décision sous forme juridique ?

Je l'ignore. Au pire, il fait de la politique, au mieux, il est nul en droit, mais l'état de nécessité, c'est la mère de famille qui vole des denrées alimentaires pour nourrir sa progéniture parce qu'elle n'a pas les moyens de le faire. Le deuxième exemple concerne Brigitte Macron et cette pernicieuse allégation dont on a déjà parlé la prétendant homme. La Cour d'appel de Paris a relaxé les deux instigatrices, la pseudo-journaliste ex-Gilet jaune et la médium, aux motifs, notamment, que leur bonne foi devait être retenue, puisque le débat est d'intérêt public !

Nécessairement, mais implicitement, cela signifie que si demain je dis de Bernadette Michu qu'elle est en réalité un transgenre, je serai condamné, car

Bernadette Michu n'est pas une personnalité connue. Mais si je dis la même chose de Brigitte Macron, je serai relaxé au motif que c'est une personnalité connue et que le débat est d'intérêt public. C'est de la folie ! L'argument est facile, mais j'imagine volontiers – mon imaginaire est fertile – ce que dirait la présidente de la Chambre des appels correctionnels qui a pris cette décision si, publiquement, je disais d'elle qu'elle n'est pas une femme. Est-ce que l'on imagine le préjudice subi par Brigitte Macron, par son frère, par ses enfants, par son époux ?

Le troisième exemple me concerne. Certains magistrats n'ont jamais accepté que la Cour de justice de la République me relaxe, m'innocente ! Et récemment, la 13e chambre du tribunal correctionnel de Paris a relaxé une fonctionnaire de catégorie C qui s'était indûment octroyé un logement social au motif qu'elle n'avait pas fait d'études de droit, qu'elle n'avait pas été avocate pénaliste, et qu'elle n'avait pas été garde des Sceaux. Un jugement rendu au nom du peuple français n'est pas fait pour soulager des magistrats de leur égoïsme et de leurs problèmes biliaires.

Dans les trois exemples que vous citez, il y a des connotations politiques derrière. Pensez-vous que les mauvaises décisions rendues le sont le plus souvent pour des raisons politiques ou pour des raisons d'incompétence ?

Les deux. Le grand problème et la grande difficulté pour régler ces questions, c'est que si l'indépendance est indispensable, elle ne peut pas être prétexte à des décisions scandaleuses.

Quel serait le contre-pouvoir à ces dérives? Puisqu'on comprend à travers ce livre qu'à cause du corporatisme qui gangrène la magistrature, il est très rare qu'un magistrat se fasse taper sur les doigts.

Oui, surtout pour une décision juridictionnelle.

Ça n'arrive donc quasiment jamais. Mais quelle serait, dans ce cas, la solution pour que les Français se reconnaissent enfin davantage dans leur justice?

C'est quelque chose d'assez insoluble. Soit on peut sanctionner un magistrat pour son travail juridictionnel et on méprise l'indépendance de la justice, soit on consacre l'indépendance de la justice, et moi je pense que c'est indispensable, mais il faut accepter alors quelques décisions incompréhensibles. Le corollaire de l'indépendance, c'est que de temps en temps, il y a des mauvaises décisions.

Pour tout vous dire, en arrivant à la chancellerie, je souhaitais qu'on mette en place un système dans lequel on puisse envisager des sanctions à l'encontre des magistrats en raison de leur incompétence. Mais on se heurte très vite au sacro-saint respect de l'indépendance. Quel est le critère objectif qui permettrait de façon incontestable de sanctionner un magistrat ?

Mais est-ce qu'il n'y aurait pas une instance interne qui ne soit pas…

L'instance interne, c'est le recours. C'est la possibilité d'exercer des recours. À un certain niveau, il y a blocage, parce que si on évoque une décision rendue par une cour d'appel, la seule solution, c'est le pourvoi en cassation, étant entendu que dans le pourvoi en cassation, l'affaire n'est pas réexaminée dans son ensemble. Et on ne traite plus que des questions de droit. On retrouve un peu la même chose en matière de liberté de la presse. La liberté de la presse et la liberté d'expression sont des droits qui sont aujourd'hui consacrés et qui permettent aussi parfois des excès. Mais je n'ai pas de solution.

Est-ce que vous gardez espoir ?

Dans ce désamour, entre les Français et leur justice, il y a la question syndicale. Voilà comment on peut la poser, la question syndicale, avec recul et nuance. D'abord, évidemment, les magistrats sont des citoyens comme les autres. Ils ont des opinions politiques, des convictions religieuses, et ils ont naturellement, comme tous nos compatriotes, le droit de se syndiquer. Ils ont même le droit de grève ! D'ailleurs, j'attends toujours la réponse du Conseil supérieur de la magistrature qui avait botté en touche quand j'avais posé la question... Chaque magistrat est face à sa conscience. Ce qui nous ramène à la problématique précédente de l'indépendance des magistrats et de la possibilité de les sanctionner.

Dire que le Syndicat de la magistrature, par exemple, ne serait composé que de mauvais juges, j'ai entendu cela dans la bouche des gens du RN, et même dans la bouche de Bruno Retailleau, d'ailleurs, qui a parlé de juges rouges. C'est une caricature. Il y a d'excellents juges au Syndicat de la magistrature. Et je vous rappellerai d'ailleurs, à toutes fins utiles, que l'extrême droite a eu son syndicat. Et à l'époque, l'extrême droite ne se protestait pas. Ce syndicat, il s'appelait l'Association des magistrats professionnels. Il a d'ailleurs été présidé par un dénommé Alain Terrail, qui a été condamné pour des propos antisémites. Puis il a été dirigé par Georges Fenech, ex-député UMP devenu commentateur sur CNews. Et ces magistrats, et les magistrats qui ont adhéré à l'Association des magistrats professionnels, ils existent toujours. Et ils ont des convictions qui sont très éloignées de celles des juges rouges, pour reprendre l'expression de M. Retailleau.

Est-ce qu'on peut penser que la magistrature a quand même plutôt tendance à pencher à gauche qu'à droite ?

Non, je ne crois pas. Le Syndicat de la magistrature n'est pas le syndicat majoritaire. Le syndicat majoritaire, c'est l'Union syndicale des magistrats, qui s'inscrit peut-être au centre droit. Ensuite, plus à droite, il y a FO magistrats. Et il y avait autrefois – le syndicat a été dissous – l'Association des magistrats professionnels. D'ailleurs, il est à noter que l'extrême droite est très chagrinée par le syndicalisme dans la magistrature, mais elle l'est beaucoup moins dans le syndicalisme de la police. Il faut dire qu'un certain nombre de syndicats de policiers sont à l'extrême droite.

Ce qui me gêne beaucoup, on l'a déjà abordé, ce ne sont pas les syndicats, mais l'expression syndicale débridée. Quand le Syndicat de la magistrature dit « Macron-Le Pen, un deuxième tour de cauchemar », pardon, mais ils sortent totalement de leur rôle. Quand ils soutiennent les émeutiers plutôt que les policiers républicains, ils sortent de leur rôle. Et ils accréditent l'idée, aux yeux de nos compatriotes, que le syndicalisme est totalement noyauté politiquement. Et ça, ça fait beaucoup de mal à la magistrature dans son ensemble.

On comprend, à travers nos échanges, que la justice, contrairement à une idée répandue, n'est pas laxiste et ne cherche pas à saboter le travail de la police. Mais ce qui contribue au fait que les Français n'aiment pas leur justice, c'est qu'elle puisse être politisée et qu'elle rende des décisions pouvant parfois paraître ubuesques.

Bien sûr. L'exploitation politicienne que font certains, notamment l'extrême droite, des décisions de justice et des faits divers, est l'une des raisons évidentes et navrantes pour lesquelles les Français n'aiment pas leur justice.

Une partie de la droite et de l'extrême droite se plaît à dire et à répandre l'idée que la justice est laxiste, aidée en cela par certains syndicats de policiers, qui en rajoutent, pour dire, je cite, que « le problème de la police, c'est la justice ». Et c'est d'ailleurs l'une des raisons pour lesquelles j'ai accepté d'ouvrir le congrès national du syndicat de policiers Alliance. J'ai accepté cela, et je suis allé leur redire, car j'avais déjà tenu ce discours à l'Assemblée nationale, que la police et la justice sont dans la même barque républicaine.

En réalité, au quotidien, sur le terrain, police et justice travaillent très bien, main dans la main. Cela me semble essentiel de le rappeler ici.

– 4 –

La justice n'est pas un spectacle !

Durant ces quatre années et deux mois passés place Vendôme, il y a eu le procès Pélicot, qui marquera l'histoire du féminisme…

Le procès Pélicot a été emblématique pour les féministes, mais il a été aussi, et cela me gêne, emblématique de cette société du spectacle, qui confond compassion et spectacle. Sans que Gisèle Pélicot l'ait vraiment souhaité, au demeurant. Je le précise d'emblée pour éviter les polémiques stériles : Mme Pélicot n'y est pour rien, c'est l'époque et ses dérives que j'interroge.

Dans ce procès et tout ce qui s'est joué autour, le statut d'héroïne de la victime pose question.

On est sur une ligne de crête parce que, évidemment, il ne s'agit pas de lui enlever son statut de victime !

Bien sûr, il est indéniable. Mais tout le battage autour, cette mise en scène médiatique, me gêne profondément. La justice n'est pas un spectacle ! On ne va pas aux jeux du cirque. On est dans une enceinte judiciaire qui rend la justice au nom du peuple français.

En observant cette médiatisation excessive, je repensais à mes années de barreau, à ces moments d'intense concentration dans le silence des salles d'audience, à ces délibérés interminables où chaque mot compte, où chaque argument est pesé, où la justice se construit patiemment, loin des caméras et des commentateurs. Cette dimension presque sacrée du processus judiciaire me semble aujourd'hui menacée par sa transformation en spectacle médiatique, en feuilleton émotionnel où l'indignation collective l'emporte sur l'analyse rationnelle des faits.

L'accueil, les hurlements, les applaudissements, les V de la victoire me mettent mal à l'aise. Ça n'est pas le lieu pour ce type de manifestations.

Mais le droit de manifester est tout de même constitutionnel… Et des procès qui provoquent des rassemblements, il y en a toujours eu…

Que des associations de victimes décident de se réunir le week-end et de manifester, c'est leur droit le plus absolu. Oui, le droit de manifester est même un droit constitutionnellement reconnu et garanti. Mais dans l'enceinte du palais de justice, ça me gêne beaucoup.

Parce que ça peut influencer les juges ?

Ces manifestations et effusions peuvent évidemment influencer le juge. Il faut savoir résister à cette pression relayée par les médias.

Mme Pélicot mérite notre compassion et un regard évidemment de bienveillance, parce qu'elle est victime, c'est une évidence. Mais pardon de dire que la presse, dans un mouvement panurgique, s'est d'une certaine façon entichée de son personnage, de ce personnage dont elle ne veut pas elle-même, semble-t-il, pour en faire une icône. Par exemple en brandissant qu'elle est la seule à avoir demandé la levée du huis clos. J'ai connu des dizaines de victimes qui ne souhaitaient pas profiter du huis clos qui était acquis. Parce que la loi prévoit que la victime peut demander la levée totale du huis clos pour que justement, l'opinion publique et le public présent dans la salle sachent ce qui s'est passé. Mais ce n'est pas la première à avoir fait ça, j'ai même connu des enfants victimes qui n'ont pas demandé à bénéficier du huis clos, pourtant ils étaient mineurs, et victimes de viol. Et d'un coup, d'un seul, on dit que Mme Pélicot est la première à demander la levée totale du huis clos, ce qui est absolument faux. Mais il est vrai que le fait que l'audience ait été publique a permis de jeter un éclairage cru sur la soumission chimique, et ça, on le doit à Mme Pélicot.

Gisèle Pélicot n'a jamais répondu aux journalistes et ne s'est vraiment exprimée qu'une seule fois à la fin du procès. Ce statut d'héroïne vous dérange ?

Oui, et ce n'est pas d'aujourd'hui qu'on est dans la confusion sur la notion d'héroïsme. Ainsi, le héros dans l'affaire Dreyfus, ce n'est pas Alfred Dreyfus. Dreyfus, c'est une victime. Le héros, c'est Picquart. Le colonel Georges Picquart qui refuse de soutenir la culpabilité du soldat Dreyfus. C'est lui qui prend des risques. L'autre héros, c'est Émile Zola qui a été condamné à un an d'emprisonnement ferme après avoir rédigé son manifeste *J'accuse*.

On ne peut pas tout mélanger. Et une fois encore, il y a une espèce de panurgisme médiatique qui nous entraîne vers des choses qui sont, au fond, inexactes et on a tendance à manquer de mise en perspective.

Le 14 juillet dernier, Gisèle Pélicot a même reçu la Légion d'honneur, j'imagine, que vous, au ministère, vous n'en auriez pas pris l'initiative ?

Vous avez raison…

Si vous aviez été l'avocat de Dominique Pélicot, votre stratégie de défense aurait été différente ?

C'est très difficile de construire une défense en ayant pour seule connaissance les résumés médiatiques. J'ai cependant la certitude que jamais je n'aurais attaqué Gisèle Pélicot évidemment. J'aurais dit sans doute que j'avais une détestation pour cette justice spectacle. Je n'aurais jamais dit que le réquisitoire était juste, c'est pourtant ce que j'ai entendu dans la bouche de l'avocate de Monsieur Pélicot, qui, à chaque fois qu'elle prenait la parole, rappelait qu'elle n'était pas l'avocate de Madame. La défense reste la défense.

L'avocate de Dominique Pélicot, Béatrice Zavarro a été unanimement saluée. Les avocats de Gisèle Pélicot ont même reconnu dans* Le Monde *« une contradictrice très loyale qui montre qu'on peut défendre avec pugnacité sans être dans l'agressivité ». Ce qui n'a pas été le cas de certains avocats des autres accusés !

Ayant été avocat pendant trois décennies, je sais à quel point cette fonction est essentielle, mais aussi à quel point elle peut être mal comprise, caricaturée, voire vilipendée. Défendre un accusé, ce n'est pas cautionner ses actes. C'est garantir que ses droits fondamentaux sont respectés, que la procédure est équitable, que la justice est rendue dans le respect de nos principes démocratiques. Cette mission, parfois ingrate, souvent incomprise, est pourtant l'un des piliers de notre État de droit.

Ce qui m'a un peu choqué, c'est d'entendre des commentaires journalistiques reprochant aux avocats de défendre. Mais il y a plusieurs façons de défendre. Il y a défendre opportunément ou de façon totalement inopportune. Il y a défendre avec élégance et de façon totalement inélégante.

Moi, je ne suis pas l'arbitre de ces choses, mais la défense, elle a des droits. Et chaque fois qu'on a des droits, on est parfois tenté d'en abuser. C'est la vieille formule de Montesquieu qui dit : « Toute personne qui a du pouvoir est tentée d'en abuser »... Là, c'est un peu le même processus. Qu'il y ait eu des excès, oui, d'accord ; que l'on remette en cause et qu'on voue aux gémonies certains avocats parce qu'ils ont été maladroits, je pense que ce n'est pas aux journalistes de le faire.

Une des choses qui m'a marqué lors du procès Pélicot, c'est qu'il était difficile de questionner le consentement de Gisèle Pélicot qui, pourtant, était un axe de défense pour les accusés.

Je n'ai pas suivi le procès dans le détail, mais j'ai vu que certaines expressions médiatiques de certains avocats ont questionné le consentement, alors qu'en réalité, je pense qu'il y avait notamment des supports vidéo, photographiques, et que le consentement, évidemment, on ne peut pas le demander à quelqu'un qui a été préalablement drogué, c'est un non-sens.

L'objet du procès, c'était de savoir si les hommes qui se tenaient là étaient conscients ou non de violer.

Si on pose cette question, il faut faire un détour vers le passé. Je me souviens d'une époque où une victime, par exemple très féminine et apprêtée, se faisait tancer parce qu'elle était maquillée ou portait une jupe courte, et qu'on la regardait non pas comme une victime, mais comme une salope. Est-ce que l'on peut regretter cette époque ? Certainement pas. Il y avait une vision de l'absence – ou non – de consentement, beaucoup plus brutale que celle que l'on a aujourd'hui. L'absence de consentement ce n'est pas exclusivement : « Je crie, je hurle, je ne suis pas d'accord », c'est beaucoup plus complexe que cela.

Cette évolution dans notre compréhension du consentement représente un progrès indéniable. Elle traduit une sensibilité accrue aux différentes formes de contrainte, une meilleure reconnaissance des mécanismes d'emprise et de sidération qui peuvent empêcher une victime de s'opposer explicitement à son agresseur. C'est une avancée que je salue sans réserve, même si elle complexifie parfois le travail judiciaire en introduisant des nuances que le droit, par nature, a parfois du mal à saisir pleinement.

Aujourd'hui on a beaucoup réfléchi sur le phénomène d'emprise, sur le fait que certaines victimes sont totalement tétanisées face à leur agresseur et qu'elles ne disent pas expressément non. Mais elles n'ont pas dit oui non plus.

Mais il y avait aussi des excès du côté des parties civiles. Moi, je me souviens d'avoir entendu des parties civiles requérir des peines, ce qui n'est pas le rôle d'une partie civile. J'ai entendu aussi les avocats de parties civiles dire à des mineurs victimes : « Ma cliente ne connaîtra plus jamais une sexualité heureuse. » C'est quand même quelque chose de terrifiant quand on reçoit ça d'un avocat qui est censé vous aider. Donc le manque d'intelligence, de finesse, ça a toujours existé.

Ce genre de propos m'a toujours profondément troublé. Comment peut-on, en tant qu'avocat censé accompagner la reconstruction d'une victime, l'enfermer ainsi dans un destin de souffrance perpétuelle ?

N'est-ce pas une forme de violence supplémentaire infligée à celle ou celui qui tente de se reconstruire ? J'ai souvent médité sur cette frontière ténue entre la nécessaire reconnaissance de la souffrance des victimes et le risque de les enfermer dans une identité de victime dont elles ne pourraient jamais s'extraire.

Pour en revenir au fait que la justice ne soit pas un spectacle, vous avez permis que les audiences soient filmées, n'est-ce pas un peu contradictoire ?

J'ai souhaité qu'on filme la justice pour qu'elle soit mieux comprise, et non pas pour faire de la justice un spectacle. Rappelons-le, de multiples mesures ont été prises pour protéger accusés et victimes. Il y a des années qu'on en parlait. Faire rentrer la justice dans le salon des Français pour qu'ils voient combien il est compliqué de juger, de déterminer une peine bien loin des raccourcis et des approximations.

Je suis toujours effaré de constater que des hommes politiques ou des commentateurs puissent commenter une décision de justice sans connaître une ligne du dossier. Deux exemples me viennent à l'esprit. David Lisnard, maire de Cannes, va violemment critiquer le verdict rendu (dans l'affaire Shaïna) par une cour d'assises des mineurs, il ne connaît pas un mot du dossier. Il oublie que c'est le jury populaire, donc le peuple français, qui a rendu souverainement cette décision, et il clamera, haut et fort, que le verdict de dix-huit ans de réclusion criminelle n'est « pas le prix d'une vie ». Suffit-il de lire quelques articles de presse pour décider que tel ou tel verdict est juste ou bien doit-on définitivement considérer que le compassionnel balaie tout sur son passage ?

Une autre fois, Marine Le Pen se déchaîne contre un substitut du procureur qu'elle accuse d'avoir tenu des propos complaisants à l'égard d'accusés (dans l'affaire des policiers brûlés de Viry-Châtillon). Or, c'est l'exact contraire qui s'est passé et le magistrat du parquet a conservé ses notes personnelles d'audience dans lesquelles apparaît bien sûr la réalité de son propos. J'interviendrai publiquement, estimant nécessaire de défendre ce magistrat, pour démentir Mme Le Pen, mais, pour une partie de ses fidèles, le mal est fait.

J'ai toujours été convaincu que cette méconnaissance du fonctionnement réel de la justice contribue fortement à la défiance des citoyens envers leur institution judiciaire. Comment comprendre et respecter ce qu'on ne connaît pas ? L'initiative de filmer certains procès visait précisément à réduire ce fossé, à montrer la complexité du travail judiciaire, la rigueur des débats, le sérieux des magistrats et des avocats. Une justice comprise est une justice mieux acceptée, même lorsque ses décisions peuvent susciter des désaccords.

Pour en revenir à la violence faite aux femmes, la comédienne Muriel Robin, qui a incarné à l'écran Jacqueline Sauvage, fustige le Gouvernement en disant qu'il ne fait rien sur le sujet…

La justice n'est pas un spectacle. Je ne suis pas populiste, je ne le serai jamais. J'ai préféré dire qu'il nous faut du temps pour infléchir la courbe des féminicides plutôt que clamer : « Je vais résorber le problème d'un coup de baguette magique ! » De nombreuses mesures ont été mises en place, même si elles restent perfectibles. Il faut aussi reconnaître que ces actions ont un coût, le budget de l'État n'étant pas illimité.

Sur le sujet, on a souvent cité l'Espagne comme modèle, ce pays ayant pris le problème à bras-le-corps dès 2004 avec une loi fondatrice. Je me suis d'ailleurs rendu en Espagne et nous nous sommes inspirés de leurs initiatives. Que s'est-il passé là-bas ? En seize ans, l'Espagne a réussi à faire diminuer de plus d'un tiers le nombre annuel de féminicides conjugaux, passant de 72 en 2004 à 30 en 2020. Mais qu'avons-nous constaté chez nos voisins espagnols ? Les statistiques sont éloquentes : sept années ont été nécessaires avant que la courbe ne commence à s'infléchir. Pourquoi autant de temps ? Parce qu'au-delà des outils, les mentalités doivent évoluer. Les enquêteurs doivent mieux accueillir la parole des femmes victimes, ce qui n'était pas toujours le cas. La justice doit également accomplir un travail approfondi en ce sens, il n'a pas toujours été effectué. Ils atteignent toutefois un plateau incompressible – celui des individus perturbés qui, quelles que soient les mesures adoptées, passeront à l'acte contre leur compagne.

Cette honnêteté intellectuelle, cette volonté de dire la vérité même lorsqu'elle n'est pas ce que les gens veulent entendre a sans doute été l'une de mes caractéristiques les plus constantes en tant que ministre. Elle m'a parfois valu des critiques, des incompréhensions, voire des hostilités. Mais je reste convaincu que c'est la seule approche digne de la fonction : ne pas promettre l'impossible, ne pas simplifier indûment des problèmes complexes, ne pas laisser croire qu'il existe des solutions miraculeuses aux maux les plus profonds de notre société.

Et Muriel Robin là-dedans ?

Voilà des gens qui prennent la parole à raison de l'aura médiatique qui est la leur. « Le Gouvernement ne fait rien, l'État ne fait rien. » C'est tellement facile de dire ça. On m'avait demandé de la recevoir, mais je ne l'ai jamais fait, car je ne voulais pas qu'elle sorte de la Chancellerie auréolée d'une espèce de consécration.

– 5 –

L'IVG dans la Constitution, une victoire collective, une fierté personnelle

Le 8 mars 2024 à midi, place Vendôme s'est tenue la cérémonie de l'inscription de l'IVG dans la Constitution. On est loin de la caricature du gros macho qui vous collait à la peau…

… qui aime la chasse, qui se charge du barbecue, qui boit de la bière au goulot, comme le président de la République, signe de notre masculinité toxique ! Comme l'avait titré *Libération* dans une Une où je suis à côté de Gérald Darmanin avec écrit « mâles » avec l'accent circonflexe.

Cette journée du 8 mars est un moment phare de votre mandat ?

J'ai vécu un moment que je n'oublierai jamais. La place était pleine pour cette cérémonie exceptionnelle. Il ne s'agit pas simplement d'une modification de notre texte fondamental, mais de l'aboutissement d'un long combat pour les droits des femmes, une victoire symbolique qui résonne bien au-delà de nos frontières. Dans un contexte mondial où ces droits sont menacés dans de nombreux pays, la France se positionne comme un phare, un exemple à suivre. Et nous pouvons en être fiers. Et je tiens à rendre hommage, comme l'a fait le président de la République, à ces femmes parlementaires, de la majorité comme de l'opposition, ayant défendu la constitutionnalisation de l'IVG : Éliane Assassi, Aurore Bergé, Laurence Cohen, Mathilde Panot, Laurence Rossignol, Mélanie Vogel… Une façon de souligner cette concorde nationale exceptionnelle.

Vous avez dû vivre ce moment particulièrement solennel, celui d'apposer les sceaux de la République sur ce texte historique. Un moment chargé en émotions ?

Peu de gardes des Sceaux ont eu l'occasion d'utiliser le sceau de cire qui va enserrer le ruban tricolore au bas d'un document de modification constitutionnelle. C'est un privilège rare, une responsabilité aussi. Je mesure pleinement la portée symbolique de ce geste ancestral, qui relie notre République moderne à une tradition séculaire.

L'opération est très technique : il faut chauffer la cire à la bonne température (45 degrés, pas un de plus, pas un de moins) et presser avec la force adéquate. C'est un savoir-faire précis, presque artisanal, qui se transmet depuis des générations au sein des services du ministère.

Dans le bureau du garde des Sceaux, il y a deux presses qui servent à apposer ces sceaux. J'ai dû utiliser une manivelle qui permet au sceau de venir sculpter la cire. On place une première galette, puis le ruban tricolore, puis une deuxième galette. Ce cérémonial minutieux incarne la solennité de l'acte, sa dimension historique aussi. Chaque geste compte, chaque détail a son importance pour que ce moment soit à la hauteur de l'événement.

Vous avez eu la main qui tremble un peu au moment d'apposer le sceau ?

Oui ! Et il ne fallait pas commettre d'erreur. Si on presse trop fort, la cire peut couler. C'est arrivé une fois par le passé, et la cire s'était retrouvée sur la robe de la première présidente de la Cour de cassation,

Simone Rozès. Une anecdote qui avait fait le tour de la place Vendôme et que je ne souhaite pas vivre ! J'ai donc fait une répétition la veille, plusieurs fois même. Comme un acteur qui répète son texte avant d'entrer en scène, je veux que chaque mouvement soit parfait, maîtrisé.

De quand date la dernière fois où les sceaux avaient été utilisés ?

C'était en 2008, pour la révision constitutionnelle conduite par Nicolas Sarkozy. Il y a donc une certaine solennité à renouer avec cette tradition. Seize ans se sont écoulés entre ces deux moments, seize ans pendant lesquels notre Constitution était restée inchangée. Cette rareté ajoute encore à l'importance du moment.

Donc, comment ça se passe ensuite ?

Avant d'apposer le sceau, le directeur des affaires civiles et du sceau prononce un petit discours. Lui aussi avait le trac, il a appris son texte par cœur. Son allocution rappelle l'histoire de cette tradition. Le président de la République se tenait à un mètre cinquante de moi. J'ai tourné la manivelle avec précaution, concentré comme jamais.

À un moment, il faut lâcher complètement, puis repartir, mais pas trop vite. Sinon, le sceau se casse. Et imaginez la catastrophe : lever la Constitution nouvellement modifiée et voir le sceau tomber par terre… Un cauchemar ! Le sceau est apposé avec précision, le document est désormais officiel, inscrit dans le marbre de notre histoire constitutionnelle. Un moment de grâce républicaine. Les applaudissements qui suivent résonnent encore dans ma mémoire, symboles sonores d'une approbation collective, d'une fierté partagée.

Ce moment vient clore plusieurs mois de travail à l'Assemblée nationale et au Parlement. Qui est à l'origine de cette idée ?

Tout commence par des initiatives parlementaires, comme souvent pour les grandes avancées sociétales. La première portée par Mathilde Panot, députée LFI, une autre par Aurore Bergé (Renaissance). Je me souviens parfaitement de ce moment où Aurore Bergé décide de retirer son texte pour permettre à celui de Mathilde Panot d'avancer. Ce geste politique, rare dans notre paysage souvent divisé, démontre l'importance transcendante de cette cause. L'unité par-delà les clivages traditionnels. Je soutiens cette démarche immédiatement, conscient que nous vivons un moment politique d'exception.

Ces initiatives parlementaires ne sont pas isolées. Elles s'inscrivent dans un mouvement plus large, une prise de conscience collective de la fragilité des acquis en matière de droits des femmes. Des associations militantes, des collectifs féministes, des personnalités publiques ont préparé le terrain depuis longtemps, sensibilisant l'opinion à l'importance de sanctuariser ce droit fondamental. Ce travail de fond a créé un terreau fertile pour que ces initiatives puissent prospérer et trouver un écho favorable au sein des institutions.

Mais après l'Assemblée nationale, il faut convaincre le Sénat. Et là, c'est une autre paire de manches.

Le Sénat est traditionnellement plus conservateur…

C'est dans sa nature même, dans son ADN institutionnel. Sa composition, son mode d'élection, son rôle de sagesse et de tempérance en font un rempart contre les changements trop brusques. Je sais bien que nous allons nous heurter à des résistances profondes, ancrées dans des convictions philosophiques, religieuses parfois, ou simplement dans une certaine vision de ce que devrait être une Constitution.

J'apprends, dans les coulisses, que des épouses et des sœurs de sénateurs jouent un rôle déterminant.

Elles mobilisent leurs maris, leurs frères, pour les convaincre de l'importance de cette réforme.

Et puis, il y a ce moment incroyable, presque un cadeau politique : Gérard Larcher, président du Sénat, exprimant clairement son opposition à la réforme sur un plateau de télévision. Certains auraient pu y voir un obstacle supplémentaire.

Et vous, vous y avez vu une opportunité ?

Moi, cette opposition franche m'a stimulé et poussé à redoubler d'efforts. Je le remercie même pour cette clarté. Il a dit : « Je ne veux pas », et c'est parfaitement son droit. Cette opposition franche et directe cristallise les enjeux, clarifie les positions. Elle a provoqué aussi un sursaut chez ceux qui hésitaient encore. Cette opposition frontale a accéléré notre cause en la rendant plus visible, plus urgente aussi.

Et là, un événement inattendu se produit. Philippe Bas, alors sénateur LR, rend un service incroyable à notre cause, peut-être sans même le vouloir. Il fait adopter un texte différent dans sa rédaction de celui de l'Assemblée nationale, mais qui accepte le principe de l'inscription de l'IVG dans la Constitution. D'une certaine façon, sans le vouloir, il piège le Sénat. Les opposants à la réforme sont furieux, mais le principe est acquis. Le Sénat a accepté l'idée fondamentale.

Cette modification de Philippe Bas a donc facilité les choses ?

Cette manœuvre subtile illustre parfaitement les mécanismes complexes de notre démocratie parlementaire. En acceptant le principe tout en modifiant la forme, Philippe Bas crée une situation où un retour en arrière devient presque impossible. Le débat ne porte plus sur le « si », mais sur le « comment ». Un glissement sémantique crucial qui change la dynamique des discussions. Les opposants se retrouvent dans une position défensive, contraints de s'opposer à des détails de formulation plutôt qu'au principe même de la réforme.

Nous nous retrouvons dans une situation inédite : 80 % des Français favorables à cette mesure, un Sénat réticent, mais qui accepte le principe. Il n'y a plus qu'à…

Ces discussions dépassent largement le cadre technique d'une modification constitutionnelle pour toucher à des questions fondamentales : Quelle société voulons-nous ?

Oui, quelles valeurs souhaitons-nous inscrire au frontispice de notre République ? La discussion se cristallise autour des termes à employer : faut-il parler de « liberté » ou de « droit » ? Deux mots qui portent une charge philosophique et juridique différente. Il faut que les deux assemblées accordent leurs violons. C'est l'objet de nombreuses négociations. Chaque mot pèse lourd, chaque nuance a son importance. Nous sommes conscients que cette formulation fera jurisprudence, qu'elle sera étudiée, commentée, analysée peut-être pendant des décennies.

Après le Sénat, il y a le Parlement qui se réunit à Versailles. Vous y étiez ?

Oui, le 4 mars 2024, je suis assis sur le banc du Gouvernement, conscient de vivre un moment historique.

Certains opposants soutiennent encore que l'avortement n'est pas menacé en France, que cette inscription est superflue. Mais je leur réponds invariablement : rien n'est jamais acquis. Je pense à la Hongrie, où l'on dissuade les femmes d'avorter en leur faisant entendre le battement du cœur du fœtus qu'elles portent – une véritable torture mentale. Je pense à la Pologne, où les droits des femmes ont régressé sous l'ancien Gouvernement. Je pense aux États-Unis où la Cour suprême a remis en cause l'arrêt Roe v. Wade, revenant ainsi sur un droit considéré comme acquis depuis près de cinquante ans. Les exemples ne manquent pas pour nous rappeler que les acquis peuvent être fragiles.

Cette dimension internationale donne une résonance particulière à notre démarche. Au-delà de nos frontières, des militantes féministes, des défenseures des droits humains suivent avec attention ce processus. Notre décision va créer un précédent, ouvrir une voie que d'autres pays peuvent emprunter. La France assume pleinement son rôle de phare des droits humains, fidèle à sa tradition historique.

J'imagine que la position du Rassemblement national a été scrutée ?

J'observe avec attention la position du RN sur cette question. Profondément, le RN est contre, mais 80 % des Français sont favorables à cette mesure. Officiellement, il n'y a pas de consigne de vote, mais je note quelques abstentions significatives. Leur enthousiasme n'est pas débordant, c'est le moins qu'on puisse dire.

Ces positionnements politiques, parfois ambigus, révèlent en creux des réticences, des résistances qui confirment la nécessité de cette protection constitutionnelle. Malgré quelques réserves affichées, l'extrême droite comme la droite n'ont pas empêché l'inscription dans la Constitution française. Je ne rappellerai pas ici les discours antiavortement ou anti-Simone Veil (une députée du RN l'avait appelée « la grosse Veil »), je ne rappellerai pas non plus les dérapages sémantiques, « politique génocidaire », par exemple, tenus par certains membres de ce parti d'extrême droite. Un livre n'y suffirait pas !

Le scrutin a été sans appel ?

Avec 780 voix pour et 72 contre, l'introduction dans la Constitution de la « liberté garantie à la femme d'avoir recours à une interruption volontaire de grossesse » est adoptée par le Parlement. Cette révision a été votée à une majorité écrasante : 92 % des suffrages exprimés, soit un score largement supérieur aux 60 % requis pour l'adoption du texte.

Le ministre, l'avocat que vous avez été et le citoyen que vous êtes aujourd'hui sont réconciliés dans ce moment historique et à la symbolique puissante ?

Oui, le 8 mars 2024, lorsque j'ai soulevé ce document officiel, j'ai pensé à toutes ces femmes, connues ou anonymes, qui se sont battues depuis des décennies pour ce droit fondamental. Je pense à Simone Veil, bien sûr, à son courage face aux insultes lors des débats de 1974. Je pense aussi à toutes ces militantes de terrain, ces médecins engagés, ces juristes persévérants qui ont, chacun à leur niveau, contribué à cette avancée historique.

Ce jour-là, sur la place Vendôme, c'est aussi leur combat que nous avons célébré, leur détermination que nous honorons.

Un geste dont je suis fier d'avoir été l'un des acteurs. Cette fierté n'est pas personnelle, elle est collective. Elle appartient à toutes celles et tous ceux qui ont milité, débattu, convaincu, pour que ce jour advienne.

Ce combat pour l'inscription de l'IVG dans la Constitution restera sans doute comme l'un des moments les plus importants de mon passage au ministère de la Justice. Une victoire pour les femmes, une victoire pour les hommes, une victoire pour la République, une victoire pour les droits humains.

– 6 –

Résister à la montée de l'extrême droite

Le 30 juin 2024, premier tour des législatives anticipées après la dissolution de l'Assemblée nationale. Quand les premiers chiffres tombent avec le RN en tête, quelle est votre réaction ?

L'inquiétude et la tristesse. Je trouve que ce pays est trop beau pour le confier à l'extrême droite.

Les deux quinquennats se sont ouverts à chaque fois sur la promesse de faire reculer l'extrême droite et au bout du compte, on peut dire que c'est raté…

C'est vrai, mais soyons honnêtes : cette montée des populismes n'est pas un phénomène purement français et on ne peut pas imputer cette montée uniquement au président de la République et à son Gouvernement. Regardons autour de nous : Trump aux États-Unis, l'AFD en Allemagne qui était très proche du RN jusqu'à récemment et dans lequel il y a un certain nombre de vrais nazis, la Hongrie, l'Argentine, le Brésil, un moment en Pologne… Partout en Europe, il y a cette vague qui déferle. Les Allemands, les Hongrois, les Italiens, les Autrichiens ont franchi des caps qu'on pensait infranchissables il y a dix ans. Est-ce qu'il y a une grande démocratie dans le monde aujourd'hui qui n'a pas cette tentation ? Ça veut dire que ça nous dépasse largement, tout ça. Ça ne veut pas dire qu'on ne peut rien faire. Ce serait du fatalisme. Ça veut dire qu'il y a un phénomène mondial, que les historiens jugeront le moment venu.

Oui, mais quittons cette focale mondiale pour revenir à une problématique française…

Pardon, mais affirmer que tout est la faute de la macronie, ça me paraît un peu facile ! Dans quel quinquennat on a eu les Gilets jaunes ? On a eu la Covid. Les Gilets jaunes, il est vrai, c'est l'expression de la colère face à Macron. Ce sont des gens qui se réunissent sur des ronds-points et qui disent à l'élite et à Macron, en allant même le chercher devant une préfecture : vous nous méprisez et vous ne gérez pas nos problèmes.

Dans ce procès fait à Emmanuel Macron, on ne retient que ce qui n'a pas été bien fait ou mérite d'être amélioré. Je vais poser quelques questions. La situation du chômage s'est-elle améliorée dans notre pays ? Oui. Est-ce qu'il y a beaucoup de boîtes qui sont venues investir en France alors qu'elles ne le faisaient plus ? Oui. Est-ce qu'on a amélioré les choses en matière d'apprentissage ? Oui. Est-ce que les délais de justice se réduisent ? Oui, même si ça peut encore être amélioré.

Non, je ne dis pas que c'est E. Macron qui est responsable, je dis qu'il a vendu l'idée aux Français qu'il serait un rempart. Manifestement, la vague a déferlé, il n'a pas du tout été un rempart, pas une seconde…

Oui, enfin, simplifier les choses au point de dire que E. Macron a échoué, sans prendre en compte les éléments extérieurs qui pouvaient expliquer la montée du populisme dans notre pays et alors que le populisme monte partout dans le monde me semble injuste et réducteur !

Revenons un instant à la réélection de Donald Trump. Évidemment, je rejette la politique de Donald Trump, mais quand il se dit anti-woke, je partage son point de vue. Je suis totalement opposé à la « *cancel culture* », celle qui interdit l'utilisation de certains mots, comme par exemple le mot « nègre », même s'il ne faut pas nier l'avoir utilisé dans un autre contexte lié à l'histoire de l'esclavage, c'est important pour notre culture et pour la façon dont on appréhende l'histoire de l'humanité et son évolution. Donc, vouloir le cacher est à mon avis une catastrophe. De même pour moi, vouloir déboulonner telle ou telle statue, ça n'a strictement aucun sens. C'est une réécriture de l'histoire, et l'histoire en réalité, elle est déjà bien difficile à écrire, donc la réécrire, ça n'a, à mes yeux, aucun sens.

Quand Trump fustige la façon dont on demande aujourd'hui à des enfants de choisir leur sexe, sans les laisser devenir des ados puis des hommes ou des femmes dans le bien-être ou dans le mal-être, pour que ce choix soit un choix mûri, réfléchi, je pense qu'il a raison et il a aussi joué cette carte-là. Mais pour le reste, quand dans un précédent mandat, il a séparé les parents émigrés de leurs enfants en bas âge, c'est une honte ! Quand il annonce dans son programme électoral que l'on va virer les juges fédéraux qui l'ont poursuivi, c'est une honte aussi ! Là, on touche vraiment à ce qu'est l'État de droit. Mais ça ne l'a pas empêché d'être réélu. Et donc, on peut se poser des questions sur le fonctionnement démocratique de ce grand pays.

Revenons à la France et à l'irrésistible ascension du RN…

Les partis populistes font des promesses simplistes face à la complexité du réel. Et le Rassemblement national ne fait pas exception. Prenons l'exemple des OQTF – ces obligations de quitter le territoire français que l'on parvient mal à faire appliquer et que tout le monde critique. Marine Le Pen nous explique doctement : « Vous n'avez rien compris. Moi, je vais aller rencontrer les différents chefs d'État qui ne veulent pas reprendre leurs ressortissants. » Parce que nous, on est trop « cons » pour y avoir pensé ? Ça a été fait à moult reprises !

Elle nous reproche d'être dans la repentance permanente et de payer notre passé colonialiste, et elle, qui refuse de demander pardon pour le passé, ose affirmer qu'elle va gérer l'avenir.

Ensuite, il y a les Républicains, qui sont sur la même ligne et qui tapaient sur le Gouvernement toutes les semaines chaque fois qu'une OQTF n'était pas exécutée. On voit aujourd'hui ce que ça donne avec Bruno Retailleau à l'Intérieur. La difficulté, elle reste là. Qu'est-ce qu'on fait ? On fait comment ? Si les États d'origine ne reprennent pas leurs ressortissants, que fait-on ? On fait un trou dans le bateau au milieu de la Méditerranée ?

Non, mais ça donne un sentiment d'impuissance. J'en reviens à ma question initiale : Comment expliquez-vous que les résultats des dernières élections législatives penchent à ce point pour une alternative forte et populiste ?

Les gens n'en peuvent plus de la délinquance. Et pour la plupart des Français, les seuls qui proposent de la réduire, de l'éradiquer, sans donner de solution, si ce n'est des solutions simplistes, c'est malheureusement le RN. Quand Laure Lavalette, députée RN, m'interpelle en clamant : « votre bilan, c'est la petite Lola », en référence au meurtre de la fillette de douze ans à Paris dont le corps avait été retrouvé dans une malle le 14 octobre 2022, je lui rétorque : « Vous pouvez dire aux Français, les yeux dans les yeux, que si vous venez au pouvoir, il n'y aura plus de petite Lola ? » Évidemment qu'elle ne peut pas l'affirmer.

Dans la plupart des émissions où j'ai été invité pendant mon mandat, on partait sur un angle biaisé qui consistait à prouver que la justice est laxiste, et donc pour illustrer ce propos, les « experts » et journalistes dégainaient des exemples d'affaires où le verdict, à l'évidence, était choquant. Forcément, on ne peut pas lutter contre ça. Donc les gens, à force d'entendre ça, ils en ont ras le bol, et donc ils en arrivent à affirmer : « Au fond, on n'a toujours pas essayé le RN. Et puis quand même, elle n'est pas mal, Mme Le Pen. »

En tout cas, c'est arrivé aux Italiens et ça a l'air de tenir. Giorgia Meloni a franchi le cap des 1 000 jours, c'est rare chez nos voisins. Sa cote de popularité tourne autour des 30 %. Le chômage est au plus bas depuis 20 ans, le déficit du pays a baissé. Quant aux migrants, elle ne les a pas rejetés à la mer !

Pendant la Covid, les Italiens nous ont enviés. Il faut quand même le rappeler. Ils ont envié la politique conduite par Emmanuel Macron. Je le sais parce que, dès la levée du confinement, je me suis très souvent rendu en Italie, et les commerçants, notamment, enviaient les mesures qui ont été prises en France, en particulier les prêts d'État garantis. Les chômeurs partiels enviaient également les mesures qui avaient été prises. J'ose regarder notre pays avec beaucoup d'admiration. Bien.

Cela étant dit, Mme Meloni n'est pas Mme Le Pen. D'ailleurs, l'ami de Mme Le Pen n'est pas Mme Meloni, mais M. Salvini, son vice-président. J'invite nos lecteurs à aller vérifier la façon dont s'exprime ce monsieur avec des mots d'une violence inouïe, une vulgarité totale. Et c'est lui que Mme Le Pen rencontre notamment, pas Mme Meloni. Rappelons au passage que M. Salvini célèbre encore Mussolini. Il a ainsi organisé des cérémonies à Predappio, le village de naissance de Mussolini. Il faut voir ses déclarations absolument abjectes sur les Roms qu'il a assimilés en 2018 à des « parasites ». Le même mot que les nazis utilisaient pour les Juifs dans les années 1930… Mme Meloni séduit l'Italie à plusieurs titres. Tout d'abord, parce que l'Italie, à l'origine, n'était pas le pays le moins macho que portait la Terre. Or, c'est une femme, et de ce point de vue, sa présidence est considérée comme un progrès sociétal majeur. Mais il ne suffit pas d'être une femme pour avoir toutes les qualités requises pour être une femme politique accomplie ou diriger un pays. Il y a également dans la façon de s'exprimer de Mme Meloni quelque chose qui peut séduire les Italiens. Notamment lorsqu'elle a été confrontée au président de la région ligure qui l'avait traitée de « merde » (« *stronza* » en italien). Quand elle se présente devant les caméras, lui est très protocolaire. Il dit : « Bonjour, Madame la Première ministre », et elle lui répond : « Bonjour, Monsieur le Président, c'est la merde Meloni qui vous salue ». Cette franchise-là plaît aux Italiens.

Elle partage cette espèce de « caractère bien trempé » avec Marine Le Pen. Et les Français aiment ça aussi, le fait qu'elle ne se laisse pas faire.

Je ne dis pas qu'il n'y a pas chez Marine Le Pen des choses qui attirent nos compatriotes. La preuve, les scores qu'elle réalise. Je dis que Mme Le Pen et Mme Meloni ne sont pas sur la même ligne. Je vous donne un dernier exemple. Giorgia Meloni a choisi comme ministre de la Justice Carlo Nordio, que j'ai rencontré très souvent. Il est en train de proposer un texte qui interdirait au ministère public d'interjeter appel lorsqu'une décision de relaxe ou d'acquittement est intervenue en première instance, ce qui d'ailleurs, je le rappelle, était le texte originel d'Élisabeth Guigou dans la grande loi Guigou, qui a mis en place l'appel des décisions de cour d'assises. Il faut se souvenir qu'à l'origine, le ministère public n'avait pas le droit d'être appelant d'un acquittement. J'ignore si Mme Le Pen est favorable à ce que le ministère public ne puisse plus interjeter appel en cas de relaxe ou d'acquittement, mais j'en doute.

Par ailleurs, il faut distinguer la Mme Meloni qui, dans son expression nationale, est distante vis-à-vis de l'Europe, de celle qui s'exprime en Europe et qui est pro-européenne. Marine Le Pen maltraite l'Europe en permanence. Mme Meloni est très pro-européenne, mais il y a aussi le discours, notamment sur l'immigration, qui lui a permis d'attirer un certain nombre d'électeurs italiens.

On peut peut-être justement faire un parallèle? Entre ce qu'on dit aux électeurs et ce qu'on fait, il y a souvent une différence. De la même façon, Marine Le Pen peut séduire en étant critique envers l'Europe, et une fois élue, comme Mme Meloni, totalement respecter les règles et s'en satisfaire. On peut penser

que le Rassemblement national aux manettes s'inspirerait du modèle italien pour finalement faire des choses quand même. En tout cas comme en Italie, sans que ça soit le chaos que vous annoncez.

L'Italie est un pays que je connais bien – je suis binational –, et il est celui qui a eu le plus d'émigration au monde. Je rappelle que dans les années 1920, il y avait plus d'Italiens à Boston qu'à Rome. La perception que l'on a des phénomènes migratoires n'est donc pas la même en Italie qu'en France. Cela étant posé, je trouve singulier que vous opposiez des actions de Mme Meloni à de possibles intentions de Mme Le Pen. Mme Le Pen n'est pas au pouvoir et j'espère qu'elle n'y parviendra jamais. Mais donc, il faudrait supposer que ce qu'elle dit aux électeurs n'est pas vrai. Mme Le Pen va régler toutes les questions. Les questions migratoires, les questions de délinquance, les OQTF vont être exécutées. Nous allons vivre dans un autre monde. Et puis le discours antimigratoire en France est le socle du Rassemblement national. Il n'a pas toujours été le socle de la droite dure italienne. C'est un phénomène plus récent.

Giorgia Meloni s'est quand même fait élire sur la vague antimigrants et parce que l'Italie devait accueillir tous les migrants qui arrivaient sur son sol pour l'Europe.

Non, elle ne s'est qu'*en partie* fait élire là-dessus. Ce que je dis et qui me paraît juste, c'est que la posture anti-migratoire est l'ADN du Rassemblement national depuis toujours. De ce point de vue, ce n'est pas le même corpus idéologique en Italie. Qu'il y ait eu des difficultés en Italie tenant à sa géographie, c'est certain. L'Italie est une péninsule, à quelques encablures de la Tunisie notamment, par laquelle, nous le savons, une migration subsaharienne arrive après avoir traversé la Méditerranée. La Méditerranée était un cimetière. Ce sont d'ailleurs les propos du précédent pape François. Lors de sa venue à Marseille, il a rappelé que la Méditerranée était un cimetière de migrants.

Pour le RN, tout est la faute des étrangers. Le chômage est la faute des étrangers, tout comme la délinquance, le déficit de la France, etc. Ils ne font pas une émission de télévision sans incriminer les étrangers. Sans compter que le projet de Marine Le Pen n'est rien d'autre qu'un renoncement généralisé. Son projet, c'est de quitter l'Euro pour aller vers l'Écu, puis de quitter l'Écu pour retourner vers l'Euro. Ce sont là les revirements de Marine Le Pen sur le plan économique. D'ailleurs, on a beaucoup de mal à la suivre. Les deux débats qui l'ont opposé à Emmanuel Macron ont définitivement achevé de la disqualifier. Je pense que Giorgia Meloni a par ailleurs une compétence que n'a pas Marine Le Pen.

Pour en revenir à votre question initiale, le parallèle entre Giorgia Meloni et Mme Le Pen ne peut pas être fait. Ce sont des personnalités et des histoires différentes. Si parallèle il doit y avoir, je le redis, c'est entre Marine Le Pen et Matteo Salvini ! Deuxièmement, aux manettes, et pardon si je le répète, mais c'est important, Mme Meloni a mis beaucoup d'eau dans son vin. Je n'ai bien sûr pas sauté de joie quand madame Meloni est arrivée au pouvoir. Mais force est de constater qu'elle est aujourd'hui pro-européenne, que la façon dont elle envisageait de traiter les migrants n'est pas celle dont elle les traite, même si on ne peut occulter l'éloignement des migrants en Albanie et les sortes de CRA[4] qui y seraient créés pour les rassembler. Mais la justice italienne a contraint pour le moment Mme Meloni à ne pas aller vers ces projets. Mme Meloni a augmenté le quota d'immigration légale, le faisant passer de 30 000 à 450 000 en deux ans. Vous voyez bien qu'on ne peut pas comparer Le Pen et Meloni.

Toutefois, je ne fais pas preuve d'angélisme. D'un point de vue sociétal, Mme Meloni porte indéniablement en elle certaines valeurs de l'extrême droite,

4. Centre de rétention administratif.

telles que ses réticences face à l'avortement. C'est un fait. Depuis son accession au pouvoir, elle a également retiré aux familles homoparentales les droits qu'elles avaient acquis. Je ne souhaiterais pas que cela arrive un jour en France.

Revenons à l'immigration. En France aussi, ce thème est brandi à tout bout de champ sans démêler fantasmes et réalité. Et pas uniquement par le Rassemblement national…

Oui, quand j'entends dans la bouche de Bruno Retailleau que « l'immigration n'est pas une chance », c'est un propos que je ne cautionne pas du tout. J'estime que l'immigration de ma famille a été une chance pour la France. Parce qu'ils ont dû faire du travail que d'autres ne voulaient pas faire. Et ils ont travaillé en France, ils ont payé leurs impôts en France, ils ont respecté ce pays, ils l'aiment. Ils n'ont jamais commis un acte de délinquance.

Je connais Bruno Retailleau, je pense que c'est un homme sincère, mais je ne suis pas du tout sur la même ligne politique que lui. Ça n'a échappé à personne. Comment n'a-t-il pas réfléchi qu'en disant cela, il blessait des tas de gens qui ne méritaient pas de l'être ? Après, il est vrai qu'on peut penser que des mecs qui « foutent la merde » et qui commettent des actes de délinquance, etc., ce n'est pas une chance pour la France. Ce n'est d'ailleurs tellement pas une chance pour la France que leur propre pays ne veut pas les récupérer.

Il fait un raccourci en créant un lien direct entre immigration et délinquance…

Quand on est un homme politique, responsable comme il l'est, on ne peut pas lâcher une phrase comme celle-là. Comment une telle phrase peut-elle être ressentie par tous ceux qui ont passé leur vie à bosser, qui n'ont emmerdé personne, qui ont participé à la richesse du pays ? On peut comprendre leur colère et leur humiliation. J'avais eu cette discussion il y a longtemps avec Éric Zemmour. J'avais quitté son plateau, courroucé, en disant : « Écoutez, il y a mon taxi arabe qui m'attend, et puis je ne sais pas si votre femme de ménage est portugaise, enfin, je ne sais pas, mais si on vire tous les étrangers de ce pays, je ne sais pas comment il va fonctionner. » Et je ne peux m'empêcher de relever que des députés RN ont demandé des dérogations pour que dans leur circonscription viticole, on puisse faire venir des étrangers pour ramasser le raisin…

Avant d'en arriver peut-être un jour à l'extrême droite, est-ce que vous craignez qu'on cède à cette tendance à la démagogie ?

Bien sûr qu'on cède à tout cela petit à petit, bien sûr. Par petites touches. Et comme beaucoup de politiques ne fonctionnent que le regard fixé sur les sondages, oui, on cède à tout ça, bien sûr. Au fond, c'est ça, le véritable enjeu : la démagogie l'emporte toujours sur la raison et la pédagogie. La démagogie, c'est quoi ? Qu'elle soit du côté de Mélenchon ou du côté de Le Pen, c'est dire à des gens ce qu'ils ont envie d'entendre. Évidemment, ça marche pas mal. C'est toujours mieux que de dire : « C'est difficile, c'est compliqué, je ne peux pas éradiquer la délinquance, la tolérance zéro, j'entends bien, mais le crime zéro, ça n'existera jamais. » Qu'est-ce que je pouvais raconter, moi, à la place qui était la mienne, qui puisse satisfaire ces bas instincts de démagogie, de populisme ? Ça veut dire que si j'avais été stratège et cynique, je me serais dit, je vais dire des choses auxquelles je ne crois pas, auxquelles je ne pense pas, pour plaire…

À droite, aujourd'hui, ils disent ce que dit Bruno Retailleau. En tapant fort, en ayant une parole forte, « l'ordre, l'ordre, l'ordre », on va réussir à affaiblir le Rassemblement national à notre profit... Sauf qu'en réalité, dans ce type de discours, il y a des arguements du Rassemblement national, et ça les banalise.

Les Français préféreront toujours l'original à la copie. Et enfin « l'ordre, l'ordre, l'ordre » implique des résultats, des résultats, des résultats !

Notons objectivement qu'à droite, certains ne cèdent pas à la facilité. Je pense notamment à Jean-François Copé et à Xavier Bertrand qui ont toujours été constants sur leur positionnement anti-RN.

Craignez-vous qu'en France, justement, l'arrivée au pouvoir de l'extrême droite soit inéluctable ?

Non, je ne dis pas que c'est inéluctable. Nous sommes dans une période difficile, économiquement c'est compliqué, la délinquance est là, c'est indéniable, et on a tous une attraction pour les solutions simplistes, surtout quand elles n'ont pas été appliquées. Les citoyens ont tendance à penser, et il faut les comprendre, que là où tout le monde a échoué, peut-être que le RN va réussir ; prenons Nicolas Sarkozy et son fameux « Karcher ». Quel coup de Karcher a-t-il filé ? C'était aussi un discours très dur sur la délinquance. Il a pris un certain nombre de dispositions, peines planchers, excuses de minorité, mais au fond, qu'est-ce que ça a changé ? Rien, et on y revient vingt ans plus tard !

Avez-vous l'impression qu'aujourd'hui, on s'autorise à dire des choses qu'on n'aurait jamais osé dire il y a vingt ans ?

En fait, on s'autorise tout ce dont on s'est indigné pendant des années. Les propos de Jean-Marie Le Pen passent pratiquement tous aujourd'hui. Au moment de sa mort, il y a certes tous les imbéciles qui sont allés fêter ça au champagne, ce qui est indécent, mais pour le reste il a été réhabilité. Pour toute la presse Bolloré, c'est un visionnaire, et on a oublié tous ses propos sur l'inégalité des races, et puis toutes les inepties négationnistes qu'il a dites, qui l'ont amené une vingtaine de fois en correctionnelle où il a d'ailleurs été condamné. Jordan Bardella a malgré cela du mal à dire que Jean-Marie Le Pen était antisémite.

Par ailleurs, aux dernières législatives, on a bien vu ceux que les caciques du parti avaient été qualifiés de « quelques brebis égarées » ! En réalité, il s'agissait non pas de brebis égarées, mais de tout un troupeau d'ex-gudards et autres néonazis !

En 2024, lors de la dissolution et des élections qui ont suivi, vous vous êtes opposé frontalement au RN, on a vu les résultats. Lors des élections régionales en 2021, vous avez été battu dans le Nord alors que vous parliez « d'un combat personnel à mener ». Vous ressentez une forme d'impuissance dans ce combat ?

Non. J'ai pu exprimer un certain nombre de choses, j'ai rencontré beaucoup de gens, je pense que j'ai fait le boulot. L'homme providentiel, je pense que ça n'existe pas. J'avais quelques atouts. J'étais originaire du Nord, j'étais un avocat connu dans le Nord. Le RN est fantastiquement, hélas ! bien implanté dans le Nord. Cela étant dit, ils n'ont pas fait les scores qu'ils escomptaient. Et une partie de la campagne se situait dans le caniveau : ma Rolex, mes boutons de manchette…

Vous pensez avoir fait une bonne campagne ?

Si une bonne campagne, c'est quand on gagne, je n'ai pas fait une bonne campagne. Si une bonne campagne, c'est quand on s'y investit et qu'on y va, et qu'on ne ménage pas son temps, et qu'on essaie d'aller convaincre, qu'on va sur les marchés, qu'on distribue des tracts, peut-être, oui. Mais ce n'est pas à moi de le dire.

Avec le recul, les régionales de 2021, c'était une campagne désespérée, il n'y avait aucune chance de marquer des points ?

On a marqué quelques points, parce que le RN n'a donc pas fait le score qu'il espérait. Nous non plus, c'est une évidence. Moi, c'était une première expérience, je ne la regrette pas. Ce n'était pas mon idée, à vrai dire. Mais je ne me défausse pas quand je dis ça. Ce n'était pas mon idée mais j'y suis allé.

Qui est-ce qui vous a investi, qui vous a demandé de le faire ?

Le Président m'a demandé d'y aller. Je l'ai fait, à vrai dire, plus par loyauté que par envie.

En 2024, lors de la campagne des législatives, on vous a beaucoup vu sur le terrain, mais vous n'étiez pas candidat cette fois-ci. Un mois après la dissolution, c'était une défaite courue d'avance ?

J'entends, on peut toujours réécrire l'histoire. C'est plus facile de la réécrire que de l'écrire. Moi, j'ai toujours dit qu'il avait eu raison de dissoudre puisque de toute façon, nous aurions connu la censure après les Jeux olympiques ou au plus tard à l'automne 2024.

Sur le moment, ceux qui l'écrivent, et notamment Gabriel Attal, pensent que c'est une erreur de le faire si vite, parce que la déculottée va arriver

quoi qu'il arrive un mois après. Six mois après, c'est différent. La dissolution, c'est quand même un jeu de politiques. Le problème n'est pas la dissolution, c'est redonner la parole aux Français à ce moment-là.

Il y a aussi une forme de logique dans la décision du Président. Le RN, est-ce que c'est un véritable choix ou est-ce que c'est le résultat d'une élection européenne ? Je m'explique : l'élection européenne, elle permet peut-être, peut-être, je ne suis pas dans la tête de tous les électeurs, d'exprimer une certaine forme d'adhésion avec le RN, parce que pour beaucoup de Français, l'Europe, c'est loin. Maintenant, recentrons-nous sur notre pays et sur ce que veulent vraiment les Français, et donc qu'ils aillent aux urnes.

Mais quelle est votre réponse à ceux qui disaient : « Ce n'est pas le moment de le faire » ?

Chacun pense et dit ce qu'il veut. Moi, je soutiens toujours cette décision.

Le résultat, c'est qu'aujourd'hui, la nomination d'un Premier ministre ne peut se faire sans une forme d'approbation de Marine Le Pen…

Mais ça va même plus loin que ça. Marine Le Pen a dit qu'elle censurerait un Gouvernement auquel je pourrais appartenir... auquel Xavier Bertrand pourrait appartenir... Pour moi, c'est quand même un problème! Je suis gêné par les gants que l'on prend en permanence avec ces gens-là parce qu'ils ont désormais le pouvoir de lever le pouce ou de le baisser dans la nomination d'un Premier ministre. Et j'ai tout de même été surpris quand Jean-Marie Le Pen est mort... Je ne savais pas que la mort valait amnistie de tout. Quand j'ai entendu le Premier ministre, François Bayrou, parler de « polémiques » concernant cet horrible personnage, je trouve que c'est radicalement euphémique !!!

– 7 –

Une « dédiabolisation » encouragée dans les médias ?

Au cours du quinquennat, le paysage médiatique a changé avec la montée d'une presse plus engagée à droite. Là où, objectivement, on avait des médias qui penchaient à gauche, on a à présent un empire, celui de Vincent Bolloré, engagé à droite. Cet empire, vous l'avez vu naître, prospérer, vous avez toujours refusé d'aller vous y exprimer. Pensez-vous qu'il y a une forme de responsabilité médiatique dans cette montée en puissance de l'extrême droite et de la banalisation de ces idées ?

Absolument. Cette montée de l'extrême droite s'est nourrie d'un terreau médiatique particulier. Dans la progression spectaculaire du RN, il y a la presse Bolloré. Un empire qui s'est constitué pendant les deux quinquennats. Et puis, il y a également la presse, en général, parce que Marine Le Pen a été aidée par les médias dans sa dédiabolisation.

Vous avez été l'un des rares ministres à avoir refusé de participer aux médias de Vincent Bolloré, d'aller sur leur plateau. L'idée pour vous était de se dire qu'en y allant on l'alimente ou est-ce qu'en n'y allant pas, on garde un certain nombre de valeurs ?

Moi, je ne vais que là où j'ai le sentiment d'être le bienvenu. Mais surtout, en y allant, on leur donne de la légitimité, évidemment. Je me souviens de Praud en pleine forme qui dit qu'il a trouvé la solution pour les refus d'obtempérer qui peuvent mettre en danger la vie de policiers. La journaliste du *Figaro*, Eugénie Bastié, lui dit avec beaucoup d'intelligence : « Mais si un type condamné à quinze ans est en cavale, est-ce qu'il s'arrête si on le condamne à cinq ans ferme ? » Pas du tout. Rajoutons à cela, si le type a quatre kilos de cocaïne dans le coffre, des kalachnikovs, il s'arrête ? Face à elle, il fait un peu la moue, et il est à nouveau contredit par Georges Fenech, qui lui dit que ce n'est pas constitutionnel. Il répond, pour moi, le summum du populisme : « Mais pourquoi, la mort, c'est constitutionnel ? »

Dans ces médias, on a atteint un niveau de médiocrité absolue de la pensée. C'est le café du commerce… Au moins, le café du commerce, c'est sympa.

Quand Pascal Praud évoque les punaises de lit et les immigrés, évidemment, il ne fait pas directement le lien entre les punaises de lit et les immigrés. Il dit : « Je pose la question et j'ai le droit de poser la question. » Mais ensuite, ça germe dans l'esprit des gens qui ont envie de boire ses paroles. Voilà, le ver est dans le fruit.

Pourtant, à peine arrivé au ministère de la Justice, Gérald Darmanin fait une heure à CNews et Praud commence en disant : « Je vous remercie, ça fait cinq ans que je n'ai pas reçu un ministre de la Justice. »

Praud est dans la continuité, mais un jour, je l'ai appelé et je lui ai dit : « Mais qu'est-ce que vous voulez que j'aille foutre chez vous, vous me chiez dessus tous les jours ! » Il me répond : « Non, pas du tout. » Je lui ai dit : « Écoutez, alors, citez-moi deux mesures que j'ai prises. » Silence. C'est la critique pour la critique, c'est comme ça. Ils sont missionnés, ils sont en croisade, si j'ose dire. Voilà. On a fait la part belle à Zemmour, on a fait la part belle à Marine Le Pen, au point d'ailleurs qu'elle appelait CNews « ma chaîne ». Il faut quand même se souvenir de ça. Le seul immigré qui a grâce à leurs yeux, c'est le Québécois Mathieu Bock-Coté. (*rires*)

Et le fait d'y aller ou de ne pas y aller était-il l'objet de débats ouverts au sein du Gouvernement ?

Non, chacun faisait ce qu'il voulait. Moi, j'ai toujours dit que je n'irais pas. Le Président n'est pas d'accord avec moi là-dessus, mais il a respecté ma liberté.

Mais quand vous voyez le résultat des élections législatives, que vous voyez la force de ces chaînes, de ces journaux, le fait de ne pas y participer, ça ne les affaiblit pas, ça nourrit leur narratif : « nous, contre le reste du monde » ?

Les gens qui regardent Pascal Praud sont déjà convaincus. Donc, je ne sais pas si c'est bien utile. De plus, la mécanique de ses émissions est ainsi faite qu'il y a autour de lui des gens qui partagent exactement les mêmes idées que les siennes. C'est donc très compliqué d'y aller. Quand Pascal Praud raconte que les gens qui font l'objet d'une OQTF doivent être enfermés à vie si leur pays d'origine ne les reprend pas, c'est absolument monstrueux et ça semble ne choquer personne. Vouloir enfermer quelqu'un à vie en raison de l'incurie de son pays d'origine, d'un point de vue humain, nous sommes tombés bien bas. Ou quand Vincent Hervouët dit qu'Emmanuel Macron est un homme battu à propos de « l'épisode de la gifle » – qui n'en est pas une d'ailleurs – au sortir de l'avion, et que cela démontre qu'il est incapable de diriger un pays parce que, en sous-entendu, il ne sait pas tenir sa femme. Je ne vais pas m'étendre sur le propos qui est véritablement sexiste. Mais voilà le genre d'insanités que l'on entend régulièrement. Je pourrais multiplier les exemples de ce qu'est devenue la presse Bolloré, bien sûr. Sans compter le nombre de *fake news* qu'il est toujours difficile de rectifier parce que dans ce nouveau monde journalistique, une fausse info et un démenti, ça finit par faire deux informations.

Mais je méprise leurs valeurs, donc je ne me sentais pas d'y aller, bien sûr que non. D'ailleurs, le jeu est inégal parce qu'ils ne traitent la justice que sous l'angle du fait divers. Il y a, grosso modo, 1 000 meurtres par an commis en France. Tous les jours, on a de la matière pour s'arrêter sur un meurtre et pour le décliner cinquante fois dans la journée. Ce qui finit par faire cinquante meurtres dans nos têtes. Et il y a, comme je l'avais dit sur Europe 1 il y a très longtemps, de l'insécurité et un sentiment d'insécurité qui se développent à loisir. Quand après les émeutes, on discute en long, en large, et en travers de quatre ou cinq décisions, sur les cinq cents qui vont être rendues, en les critiquant, là encore, sans avoir vu le dossier, il y a un véritable souci. Ce n'est pas du travail journalistique. Et l'opinion, ce n'est pas de l'information.

Je veux bien avoir un débat apaisé, technique, sur ce que l'on a fait, comment on a fait, mais j'ai d'autant moins envie d'y aller quand je les entends dire : « Le garde des Sceaux, pour lui, il n'y a qu'un sentiment d'insécurité. » C'est une phrase délibérément, honteusement, scandaleusement tronquée.

De la même façon, le Rassemblement national avait instrumentalisé la photo de moi jouant au baby-foot avec un jeune de centre fermé qu'on a précédemment évoquée. Il fallait faire quoi ? Donner à ce jeune délinquant un coup de pied dans les côtes ??? Récemment j'ai entendu sur Europe 1, dans l'émission de Cyril Hanouna, Gauthier Le Bret, la star montante du « journalisme politique » de CNews, s'exprimer sur le Code de justice pénale des mineurs, qui est un texte que j'ai porté, mais qui aura nécessité dix ans d'élaboration. À l'entendre, ce texte est l'un des plus bêtes qui aient jamais été portés. Ce qu'évidemment le grand juriste Hanouna a approuvé en ajoutant que c'est bien normal puisque c'est un « gugusse », Éric Dupond-Moretti en l'occurrence, qui l'a porté. Que nous dit Gauthier Le Bret pour étayer son propos ? Il explique que le Code de justice pénale des mineurs prévoit une césure et qu'il y a d'abord pour les mineurs une audience de culpabilité, puis une audience, si la culpabilité est retenue, pour déterminer la peine. Gauthier Le Bret oublie d'abord de dire que ce n'est pas valable pour toutes les infractions. Il oublie également de dire, parce qu'à l'évidence, il ne connaît pas le texte, que cette césure est un moment probatoire durant lequel le mineur peut être contraint à certaines choses, notamment rembourser les victimes. Et que, surtout, ce texte a permis de juger les mineurs deux fois plus vite qu'autrefois, puisqu'avant ce texte, un mineur sur deux n'était jugé qu'une fois devenu majeur. J'appelle Gauthier Le Bret pour l'éclairer sur ces points et quelques autres au passage. Toujours très courtois, notre spécialiste feint l'étonnement. «Vraiment? Quels points?» «Tout d'abord, lui dis-je, vous oubliez de dire que ce texte porté par un gugusse a été très largement adopté par l'Assemblée nationale. Que Marine Le Pen, dans son discours à la tribune, a dit que ce texte allait dans le bon sens. Que le Sénat, qui n'est pas réputé pour être une association gauchiste, a également voté le texte. Et enfin quelles ont été les conséquences de ce texte. Donc, au fond, vous critiquez un texte dont vous n'avez pas perçu que vous le maîtrisiez mal et dont vous n'avez pas vu toutes les conséquences. Voilà. Voilà un exemple parmi tant d'autres de ce qui est pour moi un combat idéologique mené souvent, au mieux, avec une certaine incompétence, au pire, avec une volonté de dénaturer la réalité. Donc je n'ai rien à faire sur ces plateaux. Je l'assume.

Il n'y a pas que les médias qui sont responsables de cette montée de ces idées dans l'opinion !

Je vous trouve un peu gonflé de suggérer dans vos questions que le Président serait le seul responsable de la montée du Rassemblement national alors que la dédiabolisation n'a été possible que grâce à la complaisance de certains médias, et je ne vise pas uniquement la presse Bolloré…

La dédiabolisation est une fumisterie. Il aurait peut-être suffi de rappeler, chaque fois que nécessaire, que Marine Le Pen et Jordan Bardella ont toujours été, et ils le sont encore, très proches de leurs amis gudards antisémites néonazis. Certes, ils essaient de cacher ces amitiés, mais force est de constater par exemple qu'Axel Loustau et Frédéric Chatillon[5] sont encore au cœur du système. Le Rassemblement national a travaillé avec des entreprises (Riwal, E-Politic, Unanime), toutes gérées par Loustau et Chatillon. Chatillon est un nazi. Il organisait le 20 avril, date anniversaire de la naissance d'Adolf Hitler, des réunions durant lesquelles, devant témoins, il embrassait le portrait du Führer. Loustau est exactement dans la même mouvance.

Comment ne pas penser à ces millions de morts, juifs, tziganes, homosexuels exterminés par le régime nazi ? Comment ne pas penser aux soldats qui ont

5. Ex-membres du GUD et dirigeants fondateurs d'agences de communication gérant la communication du RN.

donné leurs vies pour combattre ce régime ? Tous ces malheureux nous regardent et se retournent dans leur tombe quand ils ont pu en avoir une.

Les vidéos feel-good TikTok de Jordan Bardella qui mange du Chocapic® le matin effacent-elles tout ça ? Non ! Et contrairement à ce que dit Nicolas Sarkozy, Jordan Bardella n'est pas un gentil garçon qui pourrait être issu de l'UMP…

Pourtant Emmanuel Macron lui-même dit que le RN d'aujourd'hui n'est pas le FN d'hier ?

Je ne partage pas son avis, et nous avons évoqué ces divergences à de nombreuses reprises. Le Président, quant à lui, est convaincu que le combat contre le RN doit se mener sur la question de sa compétence, et il pense que le rappel des origines de l'histoire du parti n'est pas un argument efficace.

Pour ma part, je ne peux pas me résoudre à penser qu'on est dédiabolisé quand on fréquente encore, et ce n'est pas le passé mais le présent, des gudards, des néonazis. D'ailleurs, Marine Le Pen m'avait menacé d'un procès lorsque je lui avais dit à l'Assemblée nationale qu'avant de donner des leçons, elle devait virer tous ces gens. À ce jour, j'attends toujours son procès… N'oublions pas que le RN reste une petite boutique familiale. Entre le père, la fille, les sœurs, le beau-frère, la nièce, l'ex-compagnon, c'est le jeu des 7 Familles !

Quand je les entends parler de démocratie alors même qu'aucun autre parti en France ne cultive le népotisme (le père, la fille, les autres filles, les beaux-fils, la petite-fille, les fiancés, et j'en passe), ça me fait sourire…

Un personnage médiatique a émergé comme un révélateur de notre époque en animant des émissions politiques. Que pensez-vous de l'influence d'un Cyril Hanouna que vous évoquiez ?

C'est en effet une sorte d'émanation de l'époque. Pour moi, c'est un bouffon histrionique inculte. Comment on l'aborde, Cyril Hanouna ? Dans son évolution. Il est frappant de voir qu'au début, il était très impressionné, très respectueux et même très courtisan à l'égard du président de la République. Ensuite, il a vrillé… Aujourd'hui, il est pour une répression pénale féroce pour tout, alors qu'autrefois, il saluait régulièrement ses amis qui étaient en prison, par exemple. Je le connaissais parce que j'avais été sollicité pour venir en plateau quand j'étais avocat, ce que j'avais refusé. En réalité, je ne l'ai rencontré que deux fois. Lors d'une soirée organisée par la chaîne de télévision i24News, nous avons échangé deux mots : « bonjour », « bonsoir »… et puis un soir que je dînais avec Richard Ferrand, son épouse et ma compagne, et j'ai refusé qu'Hanouna – qui était dans le même restaurant, mais à une autre table – paie l'addition. Ça s'est traduit dans son émission par : « C'est un lâche qui met son nez dans l'assiette ». Il est à la vulgarité ce que Richter est au séisme, une référence. Il m'a craché dessus pendant plus de quatre ans, régulièrement injurié. Il a fait venir sur son plateau des gens qui ont raconté qu'ils avaient des problèmes judiciaires en raison du fait qu'ils étaient amis avec lui, et que j'étais responsable de leurs problèmes judiciaires. Il n'y a rien de plus infamant que de dire cela à propos d'un garde des Sceaux. Gilles Verdez, qui est un phare de la pensée contemporaine, racontait que j'étais un type très dangereux, dont il fallait se méfier... Pourtant, au début, il m'envoyait des textos de courtisan, pour me dire « Bravo, merveilleux, ce que vous avez fait à l'Assemblée nationale. » Ce personnage est indigne d'être à la télévision.

Le summum que je retiens de Cyril Hanouna, c'est cette anecdote qu'il a osé raconter dans TPMP. Il est invité à dîner. Comme c'est gratuit, il s'en met plein la lampe, et puis, sur le chemin du retour, sur le périphérique, à quelques pas de son domicile, il est pris d'une soudaine envie de déféquer, il va déféquer dans sa bagnole. Il raconte avec force bruitages. Voilà ce qu'il raconte à ses téléspectateurs fascinés, ses « chéris ». Et quelques semaines plus tard, il va déclarer son intention de briguer la présidence de la République.

Mais j'oublie le pire, il invite sur son plateau de TPMP un couple qui se livre au libertinage. Il a aussi invité leur fils mineur qui sera aux premières loges des pratiques sexuelles de ses parents... C'est à pleurer ! Bravo Baba !

Et pourtant, ça cartonne. Ça correspond donc à une époque. Il n'en est pas le responsable.

Bien sûr qu'il est responsable, et puis le trash, ça a toujours marché... Quand on exécutait sur la place publique, il y avait des milliers de gens qui venaient au spectacle.

Toujours est-il qu'il a été, pendant la campagne présidentielle, l'une des figures clés de C8, à la tête d'émissions politiques auxquelles quasiment tous les candidats ont participé, dont beaucoup de ministres et les porte-parole du Gouvernement. Aujourd'hui il apparaît même comme une sorte de juge de paix que le ministre de l'Intérieur Bruno Retailleau reçoit place Beauvau pour palper le pouls de l'opinion.

Le président de la République ne l'a pas reçu, pas plus qu'il ne s'est rendu sur son plateau.

Mais dans cette politisation, les hommes politiques, de tous bords, mais aussi de celui auquel vous avez, je ne sais pas si on peut dire appartenu, se sont sentis à leur place dans ce que vous décrivez, au prétexte qu'il touchait énormément de jeunes et que c'était aux jeunes qu'il fallait parler. Ça inspire forcément une réflexion.

Au risque de passer encore pour un ovni, je ne suis pas d'accord avec cette analyse et je ne m'y suis jamais retrouvé. Pour moi, c'est une autre forme de populisme : on flatte l'opinion, on la conquiert à coups de « fanzouzes », de « chéris », de *fake news*…

On ne peut pas tenir vingt discours, on ne peut pas à la fois s'étonner qu'il n'y ait plus le respect auquel on aspire, « le sens du sacré » comme dit l'animatrice de CNews Sonia Mabrouk, et injurier les gens… La liste des personnes que Cyril Hanouna a insultées est si longue : Duhamel, Cohen, feu Thierry Ardisson, le président de la République, Kohler, et tant d'autres… Des dizaines et des dizaines de personnes. Quiconque s'oppose à lui ou n'a pas l'heur de lui plaire devient la cible de ses insultes, de ses sarcasmes, de ses injures. Je pense qu'il y a un certain nombre de ses collaborateurs qui sont humiliés en permanence. Je trouve ça insupportable. Et moi, je préférais Jacques Chancel.

Je n'ai pas rejoint l'exécutif pour contribuer à ce système, mon projet de société, même s'il n'est pas aussi populaire que celui que vend « Baba », est son exact contraire. Je n'ai pas consacré quatre ans de ma vie au Gouvernement pour en tirer ou une quelconque gloriole ou aller jouer les amuseurs publics en cravate. Je me suis battu pour des idées, des valeurs, j'ai refusé le diktat de l'émotion et du sensationnalisme.

Peut-être est-ce d'un autre temps, peut-être cela m'a-t-il rendu plus éphémère que ceux qui sont restés ? C'est bien sûr frustrant mais, outre le fait que je n'avais pas vocation à faire carrière en politique, devenir un « professionnel » de la chose, j'ai la satisfaction de pouvoir me regarder dans la glace et de n'avoir transigé ni avec mes valeurs ni avec ce en quoi je crois, ni avec la mission qui m'avait été confiée.

C'est parfois un passage obligé pour des hommes politiques.

J'avoue que je ne débordais pas d'envie d'aller voir un type qui mettait des nouilles chaudes dans le slip de ses collaborateurs. Je n'ai jamais voulu y aller. Après, chacun fait ce qu'il veut.

Mais ça ne vous empêche pas d'avoir un avis sur ce que font vos collègues ?

Ce n'est pas parce que je respecte la liberté des uns et des autres que je suis amputé du cerveau. Mais ce qu'il faut bien comprendre, c'est qu'au-delà des présentateurs et éditorialistes vedettes de CNews, il y a un projet idéologique. Vincent Bolloré ne laisse pas faire parce que ça marche, il a théorisé et conçu un groupe de médias, télé, radio maintenant avec Europe 1, et presse écrite avec le JDD, pour propager ses idées réactionnaires et influencer les électeurs.

– 8 –

Marine Le Pen et la République des juges

Marine Le Pen vit sa condamnation avec inéligibilité exécutoire comme la vindicte des juges. Comment analysez-vous cette situation ?

Il y a plein de choses à dire là. D'abord, il y a quelques arguments qu'on ne peut pas entendre. Par exemple, qu'il n'y a pas d'enrichissement personnel. Oui, mais il y a un enrichissement du parti. Parce que quand le parti n'a pas à payer le chauffeur de Marine Le Pen, le parti s'enrichit et c'est le Parlement qui le paie. Et quand le parti paie le majordome de Jean-Marie Le Pen, *idem*. Un dernier exemple, quand Julien Odoul, attaché parlementaire, ne connaît même pas le député européen qu'il est supposé servir et qu'il est payé, ça pose problème. Le dossier est accablant ! Quand Jean-Luc Schaffhauser, ex-député européen, s'inquiète par e-mail des conséquences pénales du système d'emplois fictifs que Marine Le Pen souhaite mettre en place, Wallerand de Saint-Just, alors trésorier du parti, lui répond : « Je crois bien que Marine sait tout ça. » Ayant fait appel, elle est présumée innocente, on verra ce que décideront les juges, mais les éléments à charge sont lourds.

Deuxièmement, Marine Le Pen est certes présumée innocente, mais force est de constater qu'un certain nombre de ses coprévenus n'ont pas fait appel de la décision rendue en première instance, et dès lors, ils sont définitivement coupables… Raconter comme le font les dirigeants du RN que tous les prévenus sont innocents est un mensonge.

Troisièmement, le RN ferait l'objet d'une vindicte du « système ». Là, il faut bien le dire, les complotistes du RN sont à la manœuvre et s'en donnent à cœur joie… Mais quel est donc ce fameux « système » qu'ils dénoncent ? Et qui le compose ? Jordan Bardella affirme que jamais aucun autre parti n'a été perquisitionné. C'est un autre mensonge. Et que jamais, sous la Ve République on n'avait vu une telle persécution. C'est un double mensonge. Des dirigeants du PS et de l'UMP ont fait l'objet d'enquêtes, de mise en examen, de perquisitions, certains ont même été condamnés. Le « système » est une nébuleuse inventée pour les besoins de la cause lepéniste. Est-ce ce même système qui a poursuivi Édouard Philippe, Agnès Buzyn, Olivier Véran, pour leur gestion de la Covid? Est-ce ce même système qui m'a pénalement poursuivi alors même que j'étais ministre en exercice? Je me souviens d'ailleurs que certains aboyeurs du RN, MM. Chenu et Tanguy, réclamaient alors ma démission au mépris de ma présomption d'innocence.

Quatrièmement, la justice serait totalement politisée et contre le RN, particulièrement le Syndicat de la magistrature. Je me suis déjà longuement exprimé sur la question du syndicalisme, mais ici, on est allé beaucoup plus loin puisqu'on a directement mis en cause la présidente du tribunal correctionnel en livrant son nom et son adresse. Cette magistrate a fait l'objet de menaces scandaleuses. Le RN a repris à son compte et à charge une phrase prononcée des années plus tôt par cette magistrate qui disait que c'est une émission consacrée à Eva Joly qui avait contribué à sa vocation. Voici les raccourcis faits par le RN : la magistrate a pu être inspirée par Eva Joly, donc la magistrate partage toutes les convictions politiques d'Eva Joly, donc la magistrate est d'extrême gauche, CQFD... Eh bien ! moi, en entendant l'ensemble de ces propos, je me dis que la justice de notre pays a tout à craindre de l'accession au pouvoir du RN. La justice sera mise au pas si par malheur ce parti arrivait au pouvoir. Les journalistes aussi ont du souci à se faire, car dans un amendement déposé par Marine Le Pen elle-même, elle proposait que les journalistes qui divulguent des faits couverts par le secret de l'instruction (auquel les journalistes ne sont pas tenus) pourraient être punis de deux ans d'emprisonnement. Une justice et une presse à la botte, rien de plus réjouissant.

Il faut encore rappeler que Wallerand de Saint-Just, trésorier du RN, l'incontournable Chatillon et «Jeanne», le microparti de Marine Le Pen, ont été définitivement condamnés en juin 2024 pour escroquerie et recel d'escroquerie, dans l'affaire dite des kits de campagne…

Il n'en demeure pas moins qu'il y a eu un propos, extrêmement grave, d'un substitut du procureur de la République : «Je n'ai rien contre un tel, mais ça me ferait trop mal de requérir cette relaxe.» À mes yeux, ces propos-là mériteraient une sanction disciplinaire…

Donc ça, c'est plutôt à mettre au crédit de Marine Le Pen ?

Je ne veux pas le mettre au crédit de Marine Le Pen, c'est à mettre au débit du procureur en question. Quand on est un procureur de la République, on n'a pas le droit de s'exprimer comme ça quand on représente la société.

Ensuite, il y a des choses qui me déplaisent beaucoup dans l'analyse qui est présentée aux Français. D'abord, justice politique, qu'est-ce que ça veut dire ? Est-ce que l'on sous-entend que c'est l'exécutif qui est intervenu auprès du parquet pour demander que soient prononcées de telles réquisitions ?

Marine Le Pen, au 20H de TF1 a affirmé, précisément : on sait bien que les procureurs ne sont pas indépendants. Si Marine Le Pen pense ça, c'est extrêmement inquiétant.

Cette idée, selon elle, d'une justice politisée qui barre la route à une candidate présidentielle plutôt que de rendre le droit, rejoint-elle en partie vos arguments ?

Pas du tout. Marine Le Pen critique l'ensemble de la magistrature, et évoque un déni démocratique. Ses onze millions d'électeurs et la force qu'elle incarne dans le paysage politique français ne lui confèrent aucun privilège… La réalité, c'est que certains magistrats, une clique, parfaitement identifiée, sont devenus les garants autoproclamés de la morale publique. Ils détestent non pas les politiques, mais le pouvoir qu'ils incarnent. C'est une lutte d'influence, ce que le président de la République avait parfaitement rappelé lors de mon affaire : la justice est constitutionnellement une autorité, pas un pouvoir.

Elle dit, en somme, que ce corpus idéologique est contre le RN, et cette liberté d'expression syndicale permet donc à Marine Le Pen, selon vous, de se victimiser ?

Absolument. Rappelons qu'il s'agit de plus de 4 millions d'euros de détournements de fonds publics, sur plusieurs années. N'oublions pas non plus que Marine Le Pen a toujours exigé que la justice soit plus sévère. Elle demandait une inéligibilité à vie pour d'autres, et n'avait pas de mots assez durs pour les politiques ayant détourné de l'argent public. C'est : « faites ce que je dis, pas ce que je fais ».

Mais qu'est-ce qui vous fait penser que la justice a bien été rendue, alors que vous dénoncez une marge de magistrats politisés ?

Je veux rappeler un grand principe qui devrait fonctionner dans toute notre société : la mauvaise foi ne se présume pas. Démontrez-moi que la motivation de cette présidente est politique et que le dossier est vide de preuves… Ce n'est pas parce que la décision rendue est sévère, ou parce qu'elle ne convient pas à Marine Le Pen que c'est une décision politique.

Pour revenir sur le sujet de la politisation de la justice, 90 % des magistrats sont loin de toutes ces préoccupations. Et vous avez, c'est ce que je pense, c'est vrai, quelques magistrats qui se régalent à l'idée de se faire un politique. Ça s'appelle la République des juges. Ça existe, ça a toujours existé. En général ce sont des vedettes de la magistrature d'ailleurs.

Malgré tout, même si c'est légal, elle se retrouve inéligible immédiatement, ce qui pourrait la disqualifier pour l'Élysée, alors que faisant appel, elle devrait être présumée innocente. Cette exécution provisoire est-elle normale pour vous ?

Moi, je n'aurais jamais, en tant que ministre, soutenu un projet de loi visant à exécuter provisoirement une inéligibilité, rendant de ce fait l'appel sur ce point précis inopérant. C'est l'œuvre de « la grande moralisation » de la gauche. Après l'affaire Cahuzac, François Hollande a créé la HATVP (Haute Autorité pour la transparence de la vie publique), et lui a donné énormément de pouvoir, trop à mes yeux d'ailleurs. Ce qui me heurte dans cette condamnation, c'est de dire qu'il y a un trouble à l'ordre public dans le fait d'élire quelqu'un condamné en première instance. C'est aller un peu vite en besogne. Ce n'est pas au juge de décider de cette morale-là. Je rappelle aussi qu'un certain nombre de magistrats actuellement en poste ont été pénalement condamnés. Françoise Martres, ancienne présidente du Syndicat de la magistrature, a été condamnée dans l'affaire du « mur des cons » et elle est toujours magistrate.

Le danger de ce populisme n'est-il pas de suggérer que toute décision de justice est par essence contestable ?

Celui qui est condamné estime souvent, pas toujours, mais très souvent, qu'il a été trop sévèrement condamné. Les victimes estiment, quant à elles, que l'accusé n'a pas été suffisamment condamné. Est-ce que, donc, ça discrédite toutes les décisions rendues ? Mais quel est le système judiciaire idéal ? La justice, elle est faite pour quoi ? Elle est faite pour qu'à un moment, on tranche une innocence ou une culpabilité et que ça mette un terme à toute discussion. Ça s'appelle l'autorité de la chose jugée.

Quand on a la puissance médiatique, politique de Marine Le Pen, et qu'on appelle des gens à manifester contre des juges nommément désignés parce que la présidente de la juridiction a été un jour séduite par un discours d'Eva Joly, on est chez les fous. C'est un appel à la sédition. C'est extraordinairement dangereux. Et d'ailleurs, les premières réactions offusquées viennent de pays où les juges ont été mis au pas comme la Hongrie Orbán ou l'Amérique de Trump. La meilleure solution, quand on n'est pas d'accord avec une décision, c'est d'user des voies de recours…

Les juges d'appel vont devoir rendre une décision qui va transformer le jeu politique pour 2027. Comment rendre une décision de justice la plus impartiale possible avec cette pression dingue ?

Mais qui a mis cette pression ? Les magistrats de la cour d'appel qui doivent juger cette affaire, s'ils donnent raison à Marine Le Pen, seront considérés par ses amis comme des dieux vivants, et s'ils lui donnent tort, ils entendront le même flot d'injures, d'invectives et de critiques que les juges de première instance.

Pour une partie de la droite et pour l'extrême droite, l'état de droit n'a plus aucun sens : soit une décision de justice leur est favorable, et elle correspond à leur définition de l'état de droit, soit une décision de justice leur est défavorable, et l'état de droit doit être remis en cause. Mais je note avec amusement que Marine Le Pen a saisi le Conseil constitutionnel (qu'elle critique pourtant en permanence) et la Cour européenne des droits de l'homme (qu'elle critique aussi en permanence), des fois que, « par chance », ils lui donneraient raison …

Vous qui connaissez les magistrats de l'intérieur… Si vous suivez cette logique, comment peut-on penser que des juges en appel déjugeront leurs collègues de première instance qui se sont fait tant vilipender ?

S'ils sont aussi corporatistes que vous le décrivez, ils auront tendance à aller dans le même sens, non ?

Je ne suis pas dans la systématisation. Il y a un corporatisme, qui s'exprime de multiples façons. Mais, comme je l'ai dit, la mauvaise foi ne se présume pas. J'ai vu, corporatisme ou pas, des décisions infirmées en appel. L'appel signifie que les juges de première instance peuvent se tromper, sinon il n'y aurait pas d'appel. J'ai connu une affaire aux Assises où le premier verdict était un acquittement, le deuxième, trente ans de réclusion criminelle, et le troisième après cassation, douze ans. Le même accusé, le même dossier. Penser d'emblée que les juges d'appel ne servent à rien parce qu'ils connaissent ceux de première instance, c'est une idée à la Marine Le Pen.

Mais sociologiquement, y a-t-il peu de juges qui ont une sensibilité d'extrême droite ?

Il y en a plus que vous ne le pensez. Ils sont souvent invités sur les plateaux de CNews, par exemple. Sociologiquement, je pense que les magistrats sont plutôt au centre, voire au centre gauche. Mais il y a aussi beaucoup de magistrats qui sont à droite. Mais il ne faut pas perdre de vue l'essentiel : il y a de très bons et de très mauvais magistrats de droite, comme il y a de très bons et de très mauvais magistrats de gauche.

Ce serait donc une caricature liée à l'expression syndicale excessive de penser que les magistrats sont plutôt LFI ?

Forcément. D'ailleurs, le Syndicat de la magistrature n'est pas le syndicat le plus important de France, c'est l'USM (Union syndicale des magistrats) qui se veut plutôt un syndicat « Arc républicain ». Et pourtant, ce sont eux qui m'ont déclaré la guerre.

Marine Le Pen est-elle légitime à penser qu'elle a peut-être été jugée non pas par des hommes de loi mais par des hommes politiques ?

Des hommes politiques, c'est excessif, mais quand vous savez qu'il y a eu un tract du Syndicat de la magistrature disant qu'il fallait faire barrage au RN, je suis désolé, mais cela lui permet de prendre l'opinion publique à témoin, et n'importe quel justiciable à sa place se dirait : « Ceux qui sont en train de me juger, ou ceux qui sont en train de requérir, n'appartiennent-ils pas à ce syndicat qui veut faire barrage au parti dont je suis la présidente ? » Je comprends les questions qu'elle peut se poser en tant que justiciable. Maintenant, elle est une responsable politique. Elle aspire aux plus hautes fonctions dans ce pays. Son ressenti personnel ne doit en aucune manière lui permettre de cracher sur l'ensemble de l'institution judiciaire dont elle devrait assurer l'indépendance si elle devenait présidente de la République.

Elle oublie surtout de parler du fond du dossier. Elle est arrivée à l'audience en disant : « J'ai confiance en la justice. » Puis au fur et à mesure qu'elle était, si j'ose dire, malmenée dans ses explications et dans son argumentaire qui semblait assez creux, elle avait de moins en moins confiance en la justice. Mais si avoir confiance en la justice de son pays, c'est attendre d'elle qu'elle vous donne forcément raison, c'est à désespérer de tout.

Cette décision fait-elle du mal à la justice ?

Si j'en juge par les sondages que j'ai pu lire, il y a les affidés du Rassemblement national qui trouvent que c'est un scandale. Il faut dire qu'ils sont bien alimentés pour le dire. Il y a 30 % de gens qui s'en fichent et davantage de gens qui trouvent que c'est normal. De ce point de vue d'ailleurs, Marine Le Pen a mal anticipé la réaction de l'opinion publique. Les Français n'ont pas du tout envie qu'on puisse taper dans la caisse du Parlement européen que nous finançons et s'en tirer tranquillement des années durant.

Il y a notamment un certain nombre d'e-mails où Marine Le Pen est avertie de la difficulté que cela pose, et où malgré tout elle persiste. Et cette histoire de « pas d'enrichissement personnel » me fait sourire. Le parti s'est enrichi ! Et on sait qu'à un moment, il a été dans une grande difficulté financière, ce parti.

N'aurait-il pas mieux valu pour l'institution judiciaire ne pas ordonner cette exécution provisoire ?

Il y a des injures, des invectives, des mots insupportables qui sont prononcés par des gens qui aspirent aux plus hautes fonctions. Aurait-il fallu que le juge se dise : « Nous avons choisi l'exécution provisoire, mais nous y renonçons à raison de l'opinion publique » ? On marche sur la tête de penser ainsi ! Au contraire, ils ont été courageux d'aller au bout de ce qu'ils ont choisi de juger.

Une autre femme politique mise en cause dans une affaire judiciaire s'en prend à la justice. Il s'agit de Rachida Dati qui est ministre de la Culture en exercice, ex-garde des Sceaux. Est-ce que ce n'est pas au moins aussi grave ? Est-ce qu'on ne va pas là vers une trumpisation de l'expression politique ?

Il y a une différence majeure. Marine Le Pen explique qu'il y aurait une espèce de complot judiciaire pour l'éliminer de la présidentielle. Rachida Dati met en cause nommément quelques magistrats qui, à ses yeux, n'auraient pas procédé à un certain nombre d'actes la dédouanant. Elle ne décrédibilise pas toute l'institution.

Mais une ministre en exercice qui pointe quelques magistrats en charge de son affaire, est-ce que ça n'abîme pas l'image de la justice aux yeux de l'opinion ?

Sans doute… Mais quand on est ministre, on n'est pas un sous-justiciable et on a le droit de se défendre aussi.

Avec les condamnations de Marine Le Pen et de Nicolas Sarkozy, on voit que la justice ne tremble plus devant les puissants, ces deux politiques ont quand même animé le monde politique de ces vingt-cinq dernières années. De votre expérience, ceux-là sont-ils plutôt les exceptions à de bonnes conduites ?

Il y a très longtemps que la justice, qui était totalement à la botte du pouvoir, s'est émancipée, et c'est très bien comme ça. Ces affaires politico-financières ne datent pas d'aujourd'hui. Il faut même reconnaître que sur des questions de financement, pendant tout un temps, il n'y avait pas de règles. On est allé vers une indispensable moralisation de la vie politique… Si le « tous pourris » est bien commode, il n'est pas, loin de là, le reflet de la réalité.

– 9 –

Darmanin, Retailleau *and co*, la barre à droite toute ?

Vous dites que la relation que vous avez eue avec Gérald Darmanin est unique. En quoi l'était-elle ?

Ce qu'on a vécu ensemble, c'est rare : on a véritablement formé un couple politique. Dans la Ve République, c'est quasiment inédit. Contrairement aux duos comme Taubira-Valls ou Defferre-Badinter, par exemple, nous formions un tandem sincère et équilibré.

Pourtant, quand Gérald Darmanin vient soutenir une manifestation de policiers qui dénonce le laxisme de la justice devant l'Assemblée nationale, en mai 2021, il faut vraiment croire en ce « couple » pour y voir de l'harmonie…

Il faut distinguer deux moments. Ce qui m'a profondément choqué, ce sont ces syndicalistes déguisés en juges, balayant des mannequins symbolisant des policiers morts. Mais à ce moment-là, Gérald avait quitté les lieux.

Certes, mais il avait tout de même « chauffé » la salle avant de partir, non ?

Non, vous ne pouvez pas dire que Gérald Darmanin avait chauffé la salle. Il est venu parler aux syndicats, c'est son rôle, mais il n'a pas attisé cette colère. D'ailleurs, juste après ces débordements, j'ai dénoncé ces images à l'Assemblée nationale en rappelant que police et justice sont dans la même barque républicaine. Et c'est justement lui qui, le 27 mai 2021, m'a invité au Beauvau de la sécurité – du jamais-vu : un ministre de la Justice face aux syndicats de police.

Gérald a laissé les syndicats s'exprimer, d'ailleurs il ne peut pas faire autrement. Il m'a donné la parole et j'ai pu dire librement ce que je pensais de ce que certains syndicalistes avaient lancé à l'encontre de l'institution judiciaire. J'ai trouvé les choses très équilibrées. Parce que lui n'a pas repris les mots de ses syndicalistes. Moi, je n'ai pas repris les mots des miens non plus, puisqu'au Syndicat de la magistrature, il vaut mieux être un casseur qu'un policier. Mais quand il m'invite au Beauvau de la sécurité, il sait très bien ce que je vais leur dire. Je leur dis : « Mais vous déconnez complètement. Vous êtes dans la même barque républicaine. Il n'y a pas une institution qui doit être privilégiée par rapport à une autre. Et d'ailleurs, vous racontez des choses qui ne sont pas justes, parce qu'au quotidien, vous travaillez bien avec les procs. » Je me souviens qu'au début, c'était quand même tendu parce qu'un des syndicalistes me dit : « Non, mais vous, vous avez été avocat, vous savez vous exprimer ». Je réponds : « Écoutez, on arrête tout de suite. Si vous voulez que je bégaie d'accord, que je bute sur tous les mots, que je réponde par onomatopée, O.K., mais je ne sais pas faire. Alors, souffrez d'entendre un discours plutôt construit, une langue que j'essaie de faire jolie, mais ne me reprochez pas de m'exprimer correctement. » Quand Alliance fait sa rentrée annuelle, ils m'invitent. C'est la première fois qu'un ministre de la Justice va à leur rentrée syndicale.

Je vous trouve particulièrement indulgent avec Gérald Darmanin…

Non, je pense être juste. Tant qu'il a été ministre de l'Intérieur, jamais il n'a personnellement attaqué l'institution judiciaire. Comme moi, je n'ai jamais prononcé une critique généralisée de la police. Nous avons tous deux gardé une ligne claire : critiquer en privé certaines décisions quand elles nous semblaient choquantes, mais sans condamner l'institution publiquement. De même, quand il y a eu des bavures policières, je n'ai pas dit : « La police tue » – ça, c'est le discours de l'extrême gauche, que je laisse à l'extrême gauche. Dans la continuité, s'il m'est arrivé d'être en désaccord avec certaines décisions rendues, je ne les ai jamais ouvertement critiquées. Parce que le garde des Sceaux est l'un des garants de l'indépendance de la justice.

Même s'il vous a invité à Beauvau, j'ai le souvenir de l'avoir entendu pointer certaines décisions de justice…

En tant que garde des Sceaux, oui, hélas ! Mais quand il était ministre de l'Intérieur, non. Il a certes soutenu ses troupes, mais sans jamais s'inscrire dans un discours systématiquement anti-justice. Il ne faut pas confondre avec ce que dit l'extrême droite, ou Bruno Retailleau aujourd'hui qui, lui, tient un discours anti-justice assez systématique. La différence de ton et d'intention est majeure.

Vous admettez tout de même qu'il a parfois flatté ses troupes dans un climat tendu avec la justice…

Gérald est clairement de droite, j'ai une sensibilité de gauche. Mais nous nous parlions franchement. Quand quelque chose ne me convenait pas, je décrochais mon téléphone : « Allô, Gérald, tu as dit ça ? Tu déconnes. » « Ah bon, pourquoi je déconne ? »

Le ton montait parfois, il boudait, je le laissais bouder, puis on se rappelait. Avec de l'humour, on évacuait les tensions. On trouvait un terrain d'entente. C'est vrai, qu'à la suite des émeutes de l'été 2023, à Marseille, un policier a été placé en détention, ce qui a fait hurler les syndicats de police. Je me souviens qu'ils se sont retrouvés à Beauvau et qu'ils réclamaient une loi interdisant le placement en détention d'un policier. Gérald Darmanin, qui est habile, s'est bien gardé de leur dire que ce n'était pas possible, et il les a priés de s'adresser à moi. Inutile de dire que je considère que la loi doit s'appliquer de la même façon pour tous et que je n'étais pas favorable à ce que l'on érige en principe le fait qu'un policier soit au-dessus de la loi.

Vous avez tous les deux des personnalités fortes. C'est peut-être ce qui a permis à cette relation de fonctionner ?

Nous avons surtout de nombreux points communs. Il est du Nord, moi aussi. Il a des racines étrangères, comme moi. Nous nous parlions parfois en ch'ti. Nous avons mené ensemble des campagnes électorales – régionales, législatives. Ce vécu commun a créé un lien personnel solide. Même dans nos désaccords, nous nous respections profondément. C'est ce respect qui a fait tenir ce « couple politique ».

Depuis votre départ du Gouvernement, le ton a pourtant changé, et Gérald Darmanin multiplie les propositions chocs concernant la justice : faire payer les prisonniers, construire une prison en Guyane… Que vous inspire cette stratégie ?

Il m'étonne, mais la proximité de la Présidentielle peut expliquer le changement de positionnement radical. D'abord, je découvre qu'il veut faire la révolution, le big bang, ce qui n'est pas un compliment, ni à mon égard ni à l'égard du président de la République, parce qu'il a appartenu au Gouvernement auquel j'ai appartenu. Et je l'ai toujours dit, on a beaucoup travaillé ensemble. Donc, évoquer la nécessité du Big

Bang et de la Révolution, ça veut dire que l'on renie ce qui a été fait précédemment. Et puis le dernier garde des Sceaux qui a fait la Révolution, c'est Danton, il a plutôt mal fini.

Il n'y a pas une semaine où il n'y a pas une proposition choc de la part de membres du Gouvernement. Des propositions qui plaisent à l'opinion publique et qui produisent cet effet : « Bah oui, c'est plein de bon sens. Pourquoi ça n'a pas été proposé avant ? » Ça caresse effectivement l'opinion publique dans le sens du poil. Je suis surpris qu'il n'y ait pas une présentation globale d'un projet pénitentiaire. Il y a un séquençage et toutes les semaines, on a effectivement une annonce.

Parallèlement, on assiste à une dérive langagière et sémantique inquiétante. Par exemple, le ministre de l'Intérieur et le ministre de la Justice se sont, évidemment, considérablement énervés quand il y a eu des casseurs du PSG – qui ne sont pas tous du PSG d'ailleurs. D'abord, les émeutes de l'été 2022 avaient été réglées sans ces excès langagiers. À l'époque, on ne parlait pas, comme l'a fait Bruno Retailleau, de « barbares ». Pour moi, quand un type rentre dans un Foot Locker pour piquer un maillot, ce n'est pas un barbare. C'est un type qui est rentré dans un Foot Locker pour piquer un maillot et qui mérite d'être sanctionné. Donc, la surenchère des mots, c'est comme la surenchère de tout. Bruno Retailleau et Gérald Darmanin sont en compétition médiatique.

C'est une évidence pour tous ceux qui écoutent la radio, regardent la télévision et lisent les journaux. L'époque n'est plus à la nuance, le compassionnel balaie tout sur son passage, et les dérives sémantiques ont pour seul mérite de simplifier les choses jusqu'à la caricature… Il y aurait la France « des ensauvagés, des salauds », et « la France des honnêtes gens ». De ce point de vue, où classe-t-on, d'ailleurs, les dirigeants politiques qui ont été définitivement condamnés ?

Cette surenchère des mots est sans fin. Bruno Retailleau, lorsqu'il a qualifié les émeutiers de « barbares », a suggéré d'aller lire la définition du mot dans le dictionnaire, ce que j'ai fait, et on peut lire que « barbare » a aussi pour signification « étranger ». Récemment, à Noisy-le-Sec, de jeunes islamistes radicaux s'opposent à la diffusion du film Barbie, pourtant choisi par la population, et le ministre de l'Intérieur croit devoir parler de l'« hallalisation de l'espace public ». Mais pourquoi tout mélanger ? On peut être musulman et manger halal, être juif et manger casher, catholique et manger du poisson tous les vendredis et pour autant aimer la République.

Une compétition ou une connivence pour amener le Gouvernement le plus à droite possible ?

C'est une compétition qui, pour moi, a pour objet la Présidentielle. D'abord, la question qu'on peut se poser, c'est : est-ce qu'un ministère peut être un tremplin pour ses ambitions personnelles ? Ça n'a pas été mon cas, parce que je n'avais strictement et je n'ai toujours aucune ambition politique personnelle. J'ai dit et répété qu'il était sain qu'il y ait davantage de membres de la société civile dans les ministères, parce que justement, leur ambition, c'est le périmètre de leur ministère et pas autre chose.

Prenons l'exemple du paiement par les détenus. Qu'est-ce qui vous pose problème dans cette mesure ?

Évidemment, pour l'opinion publique, c'est du bon sens. Pourquoi la France des gens honnêtes, comme dit Bruno Retailleau, paierait-elle pour les gens malhonnêtes ? Le député LR des Alpes-Maritimes, Éric Pauget, porte cette proposition de loi qui vise à ce que chaque détenu paie 5 € par jour, sur les 100 euros que coûte en moyenne un détenu par jour à la collectivité. Mais une très grande majorité de détenus sont des gens indigents. Et ils ont parfois même du mal à cantiner. Ça, c'est le premier argument. Le deuxième argument, c'est que cet argent-là, il n'ira pas dans la poche des victimes. Le troisième argument, c'est qu'on peut envisager cette idée – d'ailleurs, elle avait une réalité puisque jusqu'en 2003, il y avait une participation financière des détenus –, mais il faut d'abord réhabiliter le parc pénitentiaire. Est-ce qu'il est normal qu'un détenu qui se trouve dans une prison surpeuplée avec des matelas au sol, des cafards et des rats, paie le même prix que celui qui sera dans une prison nouvelle ou réhabilitée ? Donc, trop vite, trop fort, trop loin.

Sur la prison en Guyane, même analyse ?

Dans le « plan 15 000 » (qui vise la construction de 15 000 places nettes de prison d'ici à 2027), il y avait la prison guyanaise. Moi, j'y suis allé. D'abord, ce n'est pas dans la jungle. Cette idée-là, elle nourrit des fantasmes du type : « On isole les plus dangereux dans la jungle. » Ce n'est pas ça. Cette prison faisait partie du plan 15 000 et les financements et les autorisations avaient été trouvés. Ce n'est pas la construction d'un nouvel établissement pénitentiaire haute sécurité. C'est trouver une soixantaine de places dans cet établissement pour des détenus qui sont considérés comme appartenant au narcotrafic, voire les détenus condamnés pour actes de terrorisme islamiste (TIS).

J'ai vu dans la presse que le président de la République avait réagi et qu'il aurait recadré son ministre de la Justice publiquement. S'attribuer les mérites de cette prison qui a été conçue avant qu'il n'arrive à la Chancellerie, c'est quelque chose qui n'a pas dû plaire.

Cette annonce a coïncidé avec l'élection de Retailleau face à Laurent Wauquiez à la tête des Républicains…

Wauquiez, dans la campagne, a annoncé une mesure surréaliste qui visait à envoyer les OQTF à Saint-Pierre-et-Miquelon. 5 000 habitants, Saint-Pierre-et-Miquelon ! Mais dans le schéma de M. Wauquiez, il fait tellement froid et c'est tellement moche à Saint-Pierre-et-Miquelon qu'ils n'auront qu'une envie, c'est retourner chez eux. Eh bien, Darmanin fait plus fort, lui, et il va plus loin. Il va plus loin que Saint-Pierre-et-Miquelon, il va en Guyane. Difficile de ne pas songer qu'on est là dans une surenchère sécuritaire.

Autre proposition : renvoyer les étrangers purger leur peine chez eux…

J'imagine mal l'Algérie par exemple, reprenant ses violeurs et ses meurtriers. Et si on rentre un petit peu plus dans le détail, au-delà de l'effet d'annonce, on constate qu'en Europe, il y a plus de Français détenus dans les pays européens que d'Européens détenus en France. Évidemment, quand on a dit cela sur l'Europe, on se dit que des détenus qui viennent notamment du Maghreb, et c'est ceux-là qui sont visés, s'ils étaient envoyés, ça offrirait un certain nombre de places supplémentaires. À ceci près que les pays du Maghreb ne reprennent pas leurs ressortissants condamnés. Ils ne reprennent déjà pas ceux qui sont visés par une OQTF, qui est une mesure administrative, alors encore moins ceux qui ont été condamnés.

Gérald Darmanin veut simplifier les peines encourues. Aujourd'hui, les juges disposent d'un éventail de plus 200 peines. Le ministre de la Justice n'en souhaite plus que 4 : peine d'emprisonnement (sans sursis), probation (aménagements de peine, travaux d'intérêt généraux), amendes, et peine d'interdiction ou d'obligation. Qu'en pensez-vous ?

Lorsque j'étais garde des Sceaux, j'ai mis en place un groupe de travail destiné à simplifier la procédure pénale. Ce groupe de travail a été mis en place après avoir obtenu une habilitation du Parlement. De tout cela, il ne reste rien, et je pense que le Code pénal ne peut pas être coupé à la hache sans un travail de longue haleine mené par des professionnels du droit. Et, pour moi, ce sont des promesses de nuit qui ne verront jamais le jour, ça n'a pas de sens. Moi, je ne suis pas un révolutionnaire, contrairement à Gérald Darmanin, garde des Sceaux, qui prétend l'être.

Un garde des sceaux peut aussi avoir des opinions, quand, par exemple, il n'est pas d'accord avec la clémence d'une décision de justice concernant les casseurs du PSG, il le dit… Ça vous choque ?

Oui, ça me choque, effectivement. Il a critiqué ouvertement des décisions de justice, ce que moi, je n'ai jamais fait. Et pourquoi ? Parce que, je le martèle, le garde des Sceaux est l'un des garants de l'indépendance de la justice. Ce qu'on ne mesure pas dans ces effets de manche et d'annonce, c'est que si l'exécutif met la main sur le juridictionnel, nous nous retrouverons dans un système à la hongroise. Nous basculerons alors vers quelque chose qui s'éloigne de la démocratie. Et puis, critiquer une décision de justice sans avoir lu un procès-verbal, sans avoir lu le dossier, est pour moi une hérésie. Parce que, parfois, un procès se joue en un regard. Et ça, on ne peut pas l'appréhender. Ce n'est pas le ministre de la Justice qui peut l'appréhender, ce sont les juges au travail.

Il veut aussi supprimer les réductions de peine et restreindre le sursis…

S'agissant des réductions de peine, moi je les ai conditionnées à l'effort. Je trouvais injuste que des détenus bénéficient de réductions sans avoir manifesté la moindre volonté de réinsertion. C'est pourquoi j'ai créé le contrat du détenu travailleur qui a permis d'attirer cent cinquante entreprises supplémentaires dans les prisons et d'augmenter très sensiblement le nombre de détenus au travail. Supprimer purement et simplement les réductions de peine, c'est mettre en danger le personnel pénitentiaire, car, pour de nombreux détenus, la perspective d'une réduction de peine les incite à bien se conduire.

Quant à supprimer le sursis, c'est enlever aux juges un outil indispensable. Le sursis est parfois suffisant. Quand Gérald Darmanin dit à la radio : « Vous vous rendez compte qu'un mec peut être condamné vingt fois avec du sursis, il n'ira jamais en prison parce que… » Ce que l'auditeur retient, c'est qu'un type est quand même condamné vingt fois avec du sursis, sans jamais être condamné à la prison ferme. C'est sûr que si on prend des exemples caricaturaux, on a toujours raison aux yeux de l'opinion publique.

En réalité, si quelqu'un est condamné plusieurs fois à du sursis, c'est que la justice a estimé qu'il ne devait pas aller en détention. On appelle cela la personnalisation de la peine… Chaque dossier est un cas particulier ; et les juges ont le droit d'estimer que la prison n'est pas toujours adaptée. Je pense par exemple à des prévenus qui sont socialement insérés, qui ont un travail, le fait de le perdre pourrait les faire dériver vers des choses bien plus graves et les faire récidiver... Qu'il demande au procureur, comme il le peut dans le cadre d'une circulaire pénale, de ne pas requérir, ou le moins possible, du sursis, pourquoi pas, mais qu'il enlève, rabiote une peine, ça n'a pas de sens.

Les juges ont à leur disposition des peines prévues par la loi écrite et votée par les politiques. Gérald Darmanin n'est-il pas dans son rôle en décidant que dans l'arsenal juridique qu'on propose aux juges, on enlève le sursis ?

Je ne dis pas qu'il n'est pas dans son rôle. Je dis que c'est une conception de la justice qui est singulière. Cela rejoint la problématique des peines planchers. C'est-à-dire qu'on enlève au magistrat un outil absolument essentiel.

N'oublions pas une chose. Nous regardons toujours du côté des Pays-Bas en disant qu'il faut des peines courtes pour les mineurs. Eh bien ! moi, j'y suis opposé. Tout d'abord parce qu'il y a un rapport parlementaire néerlandais qui conclut, contrairement à tout ce que l'on peut entendre, que ça ne marche pas. Deuxièmement, parce qu'un certain nombre de gamins sortent de là galonnés. En revanche, on incarcère moins aux Pays-Bas au profit du travail d'intérêt général et des courtes peines, et la délinquance est en baisse, mais ce n'est pas l'option que privilégie Gérald Darmanin. Son projet, c'est peines planchers, c'est alourdissement des sanctions.

Il ne dit pas être contre les petites peines, mais favorable à leur application. Le problème étant pour lui qu'aujourd'hui de nombreuses petites peines ne sont jamais appliquées, et qu'il ne faut pas hésiter à condamner à de la prison, même pour un mois…

Ça n'a pas de sens d'aller en prison pour un mois. Par exemple, celui qui a un emploi, comment fait-il ? Il est sociabilisé, il a un avertissement judiciaire et il doit perdre son boulot ? Est-ce cela qu'on nous propose ?

Ne vaut-il pas mieux avoir un panel de peines grâce auquel les juges vont décider ? Et tous les juges ne décident pas mal, quand même. C'est une curieuse façon de voir les choses que de dire que, globalement, la justice est laxiste. Moi, je me suis toujours battu pour dire qu'elle ne l'était pas. Et les chiffres me donnent raison. Par conséquent, soit on part de cet *a priori*, la justice est laxiste, et on change tout, et on évite aux juges d'être laxistes en coupant un certain nombre de possibilités qui leur sont offertes aujourd'hui, soit on reconnaît que la justice n'est pas laxiste.

Il sait bien tout cela, Gérald Darmanin, il a été ministre de l'Intérieur. Comment expliquez-vous qu'il s'affranchisse de la réalité ?

C'est à lui qu'il faut poser la question, parce que c'est un garçon intelligent, qui connaît ses dossiers, qui les maîtrise. Mais il est clair qu'il se lance là dans quelque chose que j'ai qualifié de démagogique. Ma crainte, c'est qu'on aille dans une surenchère droitière qui, d'ici l'élection présidentielle, va virer à la foire à la saucisse sécuritaire. C'est à celui qui aura l'idée la plus dure, la plus à droite. Et ce que je constate, c'est qu'on n'évoque plus jamais la prison comme étant aussi l'outil de la réinsertion.

On pourrait s'attarder un instant sur le travail d'intérêt général, c'est une peine qui a quarante ans et qui fonctionne. C'est d'ailleurs, parfois, la première expérience de travail d'un jeune délinquant.

Enfin, parmi les autres choses que j'ai pu lire, il y aurait le fait de condamner celui qui perd son procès civil à prendre l'intégralité du coût du procès à sa charge. C'est pour moi une remise en cause de la gratuité de la justice. C'est extrêmement inquiétant puisque, aujourd'hui, nous sommes dans un système dans lequel la partie qui succombe, c'est ainsi que l'on dit, peut être contrainte par la juridiction de prendre à sa charge une partie des frais de la défense engagés par la partie qui a gagné. Une telle mesure générerait pour certains de nos compatriotes une réticence à aller en justice dans la perspective d'un pragmatique : « Si je perds, je paie tout. » Et ça touchera les plus modestes. L'effet sera donc contre-productif. Heureusement Gerald Darmanin semble avoir fait marche arrière, puisqu'il parle simplement, aujourd'hui, d'instaurer un timbre de plaidoirie d'un montant de 50 euros, ce qui existait déjà autrefois, et qui serait plus raisonnable.

Êtes-vous déçu par cette évolution ?

À votre avis ? Je trouve qu'on n'est pas obligé de mettre de la démagogie partout. On ne peut pas vouloir se démarquer de Marine Le Pen et dans le même temps, non pas la suivre, mais la précéder.

Aux yeux de l'opinion publique gourmande de ces mesures, oui, évidemment : « Enfin, on fait quelque chose ! » Bien sûr. Les proches à qui j'en parle me disent : « C'est la politique. » En tout cas,, c'est une vision de la politique. Pas la mienne. Moi, j'ai essayé de ne pas être démagogique. Si je l'avais été, j'aurais multiplié toutes les peines par deux, j'aurais supprimé la prescription, j'aurais aussi senti le vent mauvais souffler et puis je me serais engouffré dans ce courant-là. Je n'ai pas voulu le faire.

Cette différence d'approche révèle-t-elle deux conceptions opposées de l'action publique ?

Oui. Moi, j'ai un certain nombre d'idées chevillées au corps depuis toujours. Je tiens cela de mes années d'avocature, de ma connaissance profonde de la justice. Au fond, est-ce qu'il vaut mieux ne pas être à contre-courant de temps en temps ? Quiconque veut être dans le vent a un destin de feuille morte. Un ministre issu de la société civile, s'il faut qu'il aille égratigner son écosystème, il le fait, parce que le but, c'est d'améliorer les choses, ce n'est pas de passer au travers des gouttes.

Quand il faut parler de vos relations avec Gérald Darmanin au Gouvernement, vous avez le pied sur le frein, là, vous y allez !

En réalité, j'ai le sentiment douloureux que si les choses continuent dans ce sens, il ne restera rien de l'héritage de Robert Badinter…

Le projet qui émerge aujourd'hui avec Retailleau, Wauquiez, Darmanin, c'est quoi exactement ?

Le projet qui nous est proposé aujourd'hui, c'est : l'ennemi, c'est l'extrême gauche, ce que je partage totalement, mais ensuite, on dit : « On est tous ensemble, tous ensemble, tous ensemble », jusqu'à Sarah Knafo ? D'ailleurs, on ne dit plus Zemmour, parce qu'elle est plus « présentable » que lui, médiatiquement. Dans tous les cas, elle est toujours dans le même courant de pensée. En même temps qu'on dit cela, on utilise le chiraquisme comme référence, c'est le cas de Wauquiez par exemple, mais Chirac a très clairement dit non à l'extrême droite ! Or, aujourd'hui, on dit oui à l'extrême droite. De ce point de vue, l'union des droites, elle est déjà faite.

Mais cette extrême droite n'a-t-elle pas évolué, fait son* aggiornamento *?

Ça, c'est la dédiabolisation à laquelle, moi, je ne crois pas du tout. On en a déjà parlé. On a vu ce qu'était la dédiabolisation lors des dernières législatives. On a vu sortir de partout des candidats qui ont eu des expressions racistes, antisémites. La lutte contre l'antisémitisme de l'extrême droite aujourd'hui, elle est fondée sur la haine des Arabes et des musulmans. Si on peut penser qu'une idée, une philosophie, un concept peut se construire sur la haine de l'autre ou d'une partie des autres, moi, je ne peux pas adhérer à ça. Mme Knafo, elle est quand même bien avec un type qui a raconté que Pétain avait aidé les Juifs. Elle est quand même bien avec un type qui a dénié à Samuel Sandler – dont le fils Jonathan et les petits-fils, Arié et Gabriel ont été assassinés devant l'école Otzar Hatorah de Toulouse par Mohamed Merah le 19 mars 2012 –, la nationalité française parce qu'il avait eu l'idée d'aller enterrer ses petits-enfants en Israël en disant : « On est du pays où l'on est enterré ». Voilà ce qu'a dit Éric Zemmour. Et c'est avec ça qu'on veut s'allier ?

Cette compétition droitière se déroule au sein d'un Gouvernement nommé par Emmanuel Macron. N'y a-t-il pas une part d'échec présidentiel ?

Il y a un petit événement qui n'est pas mineur, c'est la constitution de la nouvelle Assemblée nationale ! Moi, je veux bien qu'Emmanuel Macron soit responsable de tout, je l'ai déjà dit, mais quand il va voter, Emmanuel Macron, il a une voix comme nous tous. Ce n'est pas lui qui a composé la nouvelle Assemblée nationale.

Emmanuel Macron, dans un autre contexte politique, aurait-il nommé les mêmes personnes au Gouvernement ?

Aujourd'hui, la question, c'est : Est-ce qu'Emmanuel Macron, dans un autre contexte politique, aurait nommé les gens qui sont au Gouvernement ou est-ce qu'il n'est pas aussi tributaire d'une situation politique particulière, dans laquelle nous n'avons plus de majorité ? Très souvent, on a, en réaction au pouvoir en place, l'arrivée d'une opposition. Là, ce qui est assez nouveau, c'est qu'elle est morcelée, et que l'opposition n'a pas non plus la majorité.

Mais cette évolution de la société française vers le tripartisme, c'est en réponse à sa politique…

C'est une photo de la société qui va bien au-delà de la société française, parce qu'on retrouve une poussée des populismes partout dans le monde : aux États-Unis, en Argentine, en Allemagne, en Italie, en Hongrie, en Autriche, au Portugal… Ce n'est pas Emmanuel Macron qui est responsable de tout ça. Il y a évidemment les crises que ce pouvoir a dû traverser, je vous l'ai déjà dit. À son actif, son bilan économique que j'ai déjà évoqué. Il a fait venir un certain nombre de scientifiques, dont Trump ne veut plus, parce qu'il croit à la science et qu'il est de ce point de vue d'un vrai modernisme. Il y a également son bilan en matière d'écologie, avec la réduction des émissions de gaz à effet de serre.

Certes, on ne peut pas tout réaliser, on ne peut pas tout faire, mais ce qui a été accompli est loin d'être anecdotique. Il y a aussi l'usure du pouvoir. On arrive à un moment où on lui dit : « Vous aviez dit que… Et ça, vous ne l'avez pas fait alors que vous étiez au pouvoir. » C'est inéluctable.

Vit-on mieux en France en 2025 qu'en 2017 ?

Il y a un certain nombre d'améliorations qui ont été apportées. Le chômeur de 2017 qui a trouvé du boulot, il vit mieux. Le reste à charge zéro qui a été mis en place dans certains domaines de la santé, oui, ça améliore la vie des gens. Ceux qui ont traversé la Covid sans être trop affectés financièrement, oui, on a amélioré leur vie. Il y a un certain nombre d'événements économiques qui ont secoué la planète et il faut aussi le prendre en considération. Mais enfin, quel est le chef de l'État qui est sorti de son septennat ou de son quinquennat avec plus d'opinions favorables que d'opinions défavorables ?

Votre voix compte depuis votre sortie du Gouvernement. Pensez-vous l'utiliser pour peser sur l'élection présidentielle ?

Si on me demande mon avis, oui. Pour moi, le candidat qui sera républicain et qui n'aura pas envie de flirter avec l'extrême droite, qui saura la rejeter et rejeter clairement l'extrême gauche, ce candidat-là, moi, je pourrais le soutenir.

En quoi LFI représente-t-il pour vous un danger?

J'ai été l'un des premiers à dire, dans l'émission que présente Frédéric Haziza, que Jean-Luc Mélenchon était antisémite. Il ne faut pas être grand clerc pour le voir. D'abord, nier que l'attaque du Hamas du 7 octobre est une attaque terroriste, c'est la toute première chose. Puis multiplier les déclarations scandaleuses. Dire de Yaël Braun-Pivet qu'elle est allée camper en Israël, puis soutenir Rima Hassan, qui est la « représentante » du Hamas en France, tout cela fait froid dans le dos. Cela génère des comportements de violence à l'égard de la communauté juive, qui sont absolument indignes de notre pays.

Aujourd'hui beaucoup de membres de la communauté juive se sentent mal dans notre pays. Et pour moi, Jean-Luc Mélenchon est grandement responsable de cela. En réalité, son attitude et celle des siens, du secrétaire national du Parti de gauche, Manuel Bompard, Louis Boyard et d'autres renforcent totalement les communautarismes dans ce pays et nous éloignent de l'idée de nation qui doit être la nôtre. Et ça profite à l'extrême droite, qui se positionne comme le chantre de la lutte contre l'antisémitisme alors qu'en réalité leur pseudo-lutte contre l'antisémitisme n'est rien d'autre qu'une détestation des Arabes.

Souvent, je me mets à la place de nos compatriotes musulmans qui entendent à longueur de discours, notamment tenus sur CNews, que l'islam et l'islamisme sont une seule et même chose et que l'islam n'est pas compatible avec la République. Comment pensez-vous qu'ils le vivent ? Voilà tout ce que ça génère…

Quand Jean-Luc Mélenchon prend de telles positions politiques, c'est pour flatter un électorat d'après vous ?

Bien sûr, l'électorat des banlieues, ou ce qu'il pense être l'électorat des banlieues.

Pourtant, Jean-Luc Mélenchon, lui-même, et cette gauche-là, c'est une gauche dans laquelle vous avez pu précédemment vous reconnaître.

Autrefois. Aujourd'hui, c'est une gauche qui s'est totalement perdue. Mélenchon a des poussées mégalomaniaques. Je l'ai vécu de près lors de son procès. Le procès qui avait pour origine la perquisition au cours de laquelle Mélenchon, fou de rage, avait hurlé « La République, c'est moi », en exerçant des violences contre un policier et un magistrat du parquet. Ce n'est pas rien !

Et quand vous voyez Édouard Philippe durcir le ton sur l'autorité, Gabriel Attal faire des propositions sur le voile…

Il n'y a pas que ça. Édouard Philippe a proposé de supprimer le double degré de juridiction dans certaines affaires, et Gabriel Attal veut carrément supprimer le juge d'application des peines. Ce qui est extraordinaire, c'est que tout le monde a compris que l'opinion publique était très, très à droite. On leur a vendu l'idée qu'on est dans le laxisme, le laisser-faire. Il faudrait un choc, un big bang. Et on ne regarde jamais les chiffres qui me permettent, à moi, d'affirmer que la justice n'a jamais été aussi sévère. En 1994, il y avait deux fois plus de meurtres qu'en 2024. Je n'entends plus aucun discours sur la prison reprenant la philosophie développée par Foucault : écarter quelqu'un de la société parce qu'il est dangereux, le punir évidemment, et tout faire pour le réinsérer. Le mot humanisme est devenu une injure.

Vous pourriez ne soutenir personne ?

On verra. Les choses vont se dessiner, les gens vont s'exprimer, surtout, ils vont se révéler. Celui qui n'exprimera aucune nuance, qui sera dans la radicalité absolue, à l'évidence, n'aura pas mon suffrage. Quand j'entends que M. Wauquiez, conseiller d'État, remet en cause l'État de droit… Voilà quelqu'un qui vend l'idée qu'une loi censurée par le Conseil constitutionnel pourrait être reprise par le Parlement. Voilà quelqu'un qui est un pur produit de l'administration, un membre du Conseil d'État qui aujourd'hui crache sur le Conseil d'État, sur le Conseil constitutionnel, sur la Cour européenne des droits de l'Homme.

Avez-vous espoir qu'ils se recentrent ?

Pour le moment, non, je n'ai pas ce sentiment-là. Espoir, oui. Toujours espéré, oui. J'ai servi Jean Castex. Un type de droite qui est un humaniste, qui a un discours mesuré, raisonnable, nuancé. Des profils, il y en a. Tout le monde n'est pas Wauquiez. Il y a une place. On est quand même le plus beau pays du monde, on est quand même le pays des Lumières. On a quand même eu de grands philosophes qui ont éclairé de leur pensée le monde entier par leur humanisme. Alors j'ose garder espoir.

– 10 –

Et maintenant, que vais-je faire ? L'heure du bilan

Commençons par la dissolution. Aviez-vous anticipé cette décision du président de la République ?

Absolument pas. Ces événements ont précipité les choses d'une manière que personne n'avait vraiment anticipée.

Ces derniers mois au ministère ont dû être particulièrement difficiles à vivre, entre immobilisme et frustration ?

Les deux ou trois derniers mois étaient effectivement ubuesques. Expédier les affaires courantes, cela revient à ne rien faire du tout. Être ministre sans liberté d'action, cela devient pesant très rapidement.

Cette rupture de rythme – passer d'une activité parfois excessive à une platitude administrative – n'est pas habituelle dans un ministère.

Concrètement, que ne pouviez-vous plus faire ?

D'abord, aucune sortie publique possible. Aucune prise de parole. Impossible de signer le moindre décret. On tourne littéralement en rond. Je ne pouvais même pas nommer un directeur alors que j'avais quelques changements importants à effectuer.

Comment avez-vous vécu cette période d'attente ?

C'était très long, évidemment. Quand on n'aime pas procrastiner, quand on refuse l'inaction, c'est interminable. Je savais déjà que je ne serais pas reconduit ; je l'avais d'ailleurs exprimé au président de la République. Il était très compliqué pour moi de ne pas pouvoir soutenir un budget conforme à la loi de programmation que j'avais fait voter et que j'avais pourtant promis. Mon sort ministériel était en quelque sorte scellé. Vous êtes entre l'enfer et le paradis, dans une forme de purgatoire où rien ne se passe, où rien ne bouge. Il y a bien quelques dossiers à peaufiner, mais cela n'a rien à voir avec l'intensité habituelle du ministère.

Vous avez décidé de remonter sur scène dans le spectacle* J'ai dit oui *pour raconter vos années à Vendôme, vos réflexions politiques et régler vos comptes. Pourquoi ce choix ?

Ce que j'ai vécu avec cette mise en examen, cela ne passera jamais. C'est une injustice absolue, partagée avec l'opinion publique. Je m'engage en politique et on me déchire pour quelque chose que je n'ai pas fait. Deux ans après, j'ai besoin de régler ce compte-là. La scène permet quelque chose d'unique. Ce n'est pas une psychothérapie – je ne suis pas un homme déconstruit comme je le clame sur les planches –, mais cela fait un bien immense. Après avoir fermé ma bouche, après avoir subi cette injustice, pouvoir enfin le dire au public, cela procure un soulagement indescriptible.

Quels sont vos projets professionnels désormais ?

D'abord, j'ai créé une société de conseil. Je ne voulais pas redevenir avocat immédiatement, notamment pour respecter certaines obligations légales concernant les conflits d'intérêts. Je ne peux pas plaider contre l'État ni contacter des personnes qui ont été sous mon autorité. Il y a aussi une dimension plus personnelle : je n'avais pas envie de subir la médiocrité de certains magistrats. Quelques exemples m'ont marqué – des petites mesquineries qui circulent sur l'intranet, des procureurs qui se moquent publiquement de mes circulaires. J'ai passé l'âge de ces petitesses.

Après avoir vécu une expérience aussi intense, est-ce possible de reprendre sa vie professionnelle d'avant ?

Je ne suis pas un passéiste. J'ai adoré le métier d'avocat. J'ai de merveilleux souvenirs de mon passage au barreau. J'ai également des souvenirs plus difficiles, mais ça fait partie de ce métier-là. J'ai vécu passionnément, et le mot n'est pas usurpé, ma fonction ministérielle, comme je suis aujourd'hui au théâtre dans mon élément.

Envisagez-vous un retour au barreau ?

Oui, mais différemment. Je ne courrai plus toutes les cours d'assises de France comme autrefois. Il y a un temps pour tout, et peut-être un âge pour tout. Je ne plaiderai sans doute plus de la même manière…

Cette expérience ministérielle vous a-t-elle transformé ?

Évidemment. On ne vit pas plus de quatre ans d'une expérience si particulière sans évoluer. Notre personnalité ressemble à un millefeuille, couche après couche. Jusqu'au ministère, cet empilement était cohérent, ne faisant que prendre de l'épaisseur. Cette dernière couche change la donne et interdit presque de revenir en arrière. Sur un plan plus personnel, j'ai rencontré des gens remarquables qui sont devenus des amis, comme Richard Ferrand ou Véronique Malbec, mon ancienne directrice de cabinet, et toute ma petite équipe autour d'elle…

Pourriez-vous envisager de ne plus rien faire, vous retirer ?

Je peux tout imaginer ! M'imaginer écrivain, acteur, conseil, à la tête d'une mission sur un sujet sociétal qui m'intéresse… Je pourrais même devenir éleveur de faucons ! Il n'y a aucun vertige de la sortie. Il y en aurait eu un immense si j'avais été condamné – sortir par la petite porte, avec comme seul souvenir de mes quatre ans de ministère l'infamie d'une condamnation. Cela aurait été invivable, insupportable. Mon honneur livré aux chiens, comme l'a dit François Mitterrand en évoquant Bérégovoy.

Accepteriez-vous un autre ministère si l'occasion se présentait ?

Non. Si on m'avait proposé n'importe quel autre portefeuille, même prestigieux, j'aurais refusé. Je n'aurais pas pris l'Éducation nationale par exemple, parce que je ne m'estime pas compétent dans ce domaine. Déjà, dans mon propre ministère, il y a eu des périmètres où j'ai dû énormément travailler pour apprendre – comme la fusion entre commissaires-priseurs et huissiers. Ces professions antagonistes, leurs enjeux… J'ai eu la chance d'avoir des directeurs très compétents qui m'ont accompagné.

La perspective d'un retour de Macron en 2032, vous enthousiasme-t-elle ?

Nicolas Sarkozy parlait de Jacques Chirac comme d'« un roi fainéant ». Il est aujourd'hui considéré dans les sondages comme le meilleur président de la Ve République. François Hollande avait tellement peu la cote qu'il n'a pas osé se représenter. Il a été réélu député. Jean Castex, le jour où il quitte le Gouvernement, il prend dix points dans les sondages. Il y a une versatilité de l'opinion. Moi, je suis convaincu qu'on sait ce que l'on perd, mais pas ce que l'on gagne. C'est beaucoup plus facile d'être dans l'opposition que d'être aux manettes. Quand tous ceux qui promettent de « tout régler » seront au pouvoir, nous verrons comment on se souviendra de lui. Son bilan économique, en tous cas, on ne pourra pas le lui enlever.

Moi, j'ai été frappé, par exemple, de la détestation qui s'était abattue sur Giscard à un moment, au point d'ailleurs qu'il n'a pas été réélu. Dans les campagnes de presse, il y avait les avions renifleurs, les diamants... Puis, quand Giscard est mort, on s'est arrêté sur un nombre de réformes qui étaient les siennes, qui ont fait avancer la société, et on s'est rendu compte à ce moment-là de ce qu'il avait fait. Parce que ce n'est pas le propre des présidents de la République, au fond, que d'être analysé objectivement pour ce qu'ils ont fait après l'expiration de leur mandat. Oui, je pense que c'est une règle qui est récurrente. Mais il faut voir d'où on vient et il faut voir ce qu'on a laissé comme trace.

Mais vous-même, qui avez participé à quatre ans de ces huit ans de mandat présidentiel, quand vous regardez l'espoir que vous avez placé en lui par opposition à là où nous en sommes aujourd'hui, quel est le bilan personnel de votre engagement ou plutôt de votre croyance dans sa politique ?

Moi, dans mon périmètre, depuis 2017, le budget a été augmenté de 60 %, on embauche aujourd'hui comme jamais on a embauché. On a augmenté les magistrats, les personnels pénitentiaires. On a touché au catégoriel. On a construit des établissements pénitentiaires, on a construit et mis en place 2800 Points Justice sur tout le territoire. Ce sont des lieux d'accueil gratuits qui ont pour but d'apporter une information de proximité aux personnes ayant à faire à la justice… On n'est pas resté les deux pieds dans le même sabot. Je n'ai pas envisagé le big bang ou la révolution de la place qui était la mienne. Je n'ai pas transigé sur un certain nombre de choses auxquelles je crois. J'ai essayé de faire du mieux que j'ai pu dans un contexte très difficile.

Accepteriez-vous à nouveau d'être ministre de la Justice ?

À chaque jour suffit sa peine. Me restera-t-il de l'énergie en 2032 ? À 64 ans, on n'a peut-être pas envie de se projeter trop loin parce qu'on a le sens de sa finitude. Ce que j'ai fait est enthousiasmant en termes de moyens, en termes budgétaires, en termes d'embauche de personnel, en termes de réduction des délais, en termes notamment de réformes de l'institution… C'est un bilan qui n'est pas négligeable. J'ai été heureux et fier de le porter.

Je ne m'interdis rien, moi. Je ne m'interdis rien.

Table des matières

Composition
PRESS·PROD

Imprimé en France par
CPI Brodard & Taupin
en septembre 2025

Dépôt légal : septembre 2025
N° d'impression : 3061652
ISBN : 978-2-7499-6190-3
LAF : 3607